파괴적
혁신

파괴적
혁신

L'INNOVATION
DESTRUCTRICE

뤼크 페리 지음
LUC FERRY

김보희 옮김

파 괴 적 혁 신 은 우 리 로 부 터 무 엇 을 앗 아 갔 는 가

글항아리

차례

∧

　이른바 세계화라 불리는 이 전 세계적인 경쟁사회 속에서 혁
신적 투자는 경제를 위한 결정적 요소가 되었다. 어느 분야—
제품, 홍보, 인적 관계 구축, 디지털화, 신흥 시장 정복, 생산 및
유통망 조직 등—에서든 영구적인 혁신을 이루지 못하는 기업
의 운명은 죽음으로 이어지고, 필연적으로 경쟁업체에 휩쓸려
사라지게 된다. 프랑스의 경우 혁신이 점차 줄어들어 탈산업화
가 진행되고 있다. 여기서 다음과 같은 질문이 나온다. 왜 그러
한가? 무엇이 혁신을 가로막고 있는가? 이 책을 관통하는 주제
는 유럽의 오랜 민주주의 안에서 살아갈 수 있는 놀라운 기회
를 지닌 이들이 혁신을 통해 수많은 장점을 누릴 수 있음에도

불구하고, 이 혁신에는 숨겨진 어두운 이면이 존재하며 또한 그것이 갈래로 나뉘어 시장경제를 넘어 여러 분야로 퍼져간다는 데 있다. 오늘날 현대 경제의 지배 논리를 야기하는 저항들을 이해하고 필요한 경우 이를 제거하고자 한다면, 더 나아가 쉬지 않고 프랑스를 마비시킬 위협을 가하고 있는 우울한 비관주의를 과장하거나 비꼬지 않고 정확히 이해하고자 한다면 바로 이 혁신의 갈래들을 탐구해야 한다.

고용주 논리에 따른 혁신의 방해 요소

이러한 혁신의 저항과 방해 요소들에 대해 고용주 논리의 입장에서 가장 자주 언급되는 원인으로는 두 가지가 있다. 하나는 물질적 원인이고, 다른 하나는 지적·도덕적 원인이다. 첫 번째 이유는 오래 이야기할 필요도 없이 매우 분명하게 나타나고 있다. 프랑스의 공공 지출 문제는 수십 년 전부터 좌파, 우파를 막론하고 그 어떤 정부도 해결하지 못했던 것으로, 이 문제를 막기 위해 세금의 압박은 점점 더 커졌고 결국 프랑스 기업들은 더 이상 평온하게 앞날을 위한 투자를 할 만큼의 금전적 여유를 유지하지 못하는 상황에 이르렀다. 국가의 터무니없는 요구에 짓눌린 프랑스 기업들은 브릭스BRICs —브라질, 러시아, 인도, 중국, 남아프리카 —, 즉 세계화된 자본주의 사회의 생산과 소비 구조에 발을 디딘 신흥 강자들의 등장으로 점차 경쟁력을 잃어갔다. 결국 사업 규모 축소, 공무원 감원, 지방자치 개혁, 보건의료비 지출 합리화, 노동법 개혁 등 효율화 과정을 통해 사회적 비용을 줄여야 했던 것이다.

　그런데 오늘날 기업 쪽에서 가장 널리 받아들여지고 있는 이 고용주 논리에 따르면, 한편으로는 지적·도덕적 요소 또한 성장의 발목을 잡고 있는 것으로 나타난다. 이를테면 사회가 '리스크 제로'를 추구하는 이데올로기에 조금씩 자리를 내주고 있음을 보여주는 상징적인 사례로, 터무니없게도 '사전예방원칙'을 프랑스 헌법에 포함시킨 사실을 들 수 있다. 환경보호 만세! 마치 이제는 프랑스 공공건물 외벽마다 새겨져 있는 프랑스 헌법의 중심 가치인 자유·평등·박애가 '두려움'으로 대체되어야 할 듯한 분위기가 조성되었다. 실제로 내가 다양한 기회를 통해 말과 글로 표현해왔던 내용이지만, 유럽 대륙이 불안에 사로잡혀 마비된 듯 보이는 것은 거짓이 아니다. 섹스, 술, 담배, 과속, 유전자변형식품, 오존층 파괴, 나노 기술, 전자파, 터키, 세계화, 기후변화, 기지국 등에 대해서든, 표현의 자유 따위에 사로잡힌 환경 연구가들로부터 빗발친 항의를 받아야 했던 내 친구 클로드 알레그르 장관에 대해서든, 우리는 모든 것에 대한 두려움을 안고 있다. 나는 그저 농담처럼 다음과 같은 말을 할 뿐이다. 유감스럽지만 우리에게 긴 상영 시간 동안 두려움을 강요하는 자연재해 영화들이야말로 이러한 두려움이 확산되는 실제적인 특징을 보여주고 있지 않은가!

이뿐만이 아니다. 두려움이라는 열정이 기하급수적으로 확대될 뿐만 아니라, 최근까지만 해도 여전히 부끄럽고 치기어린 것으로 여겨졌던 이러한 열정을 이제는 아무렇지도 않은 것으로 여기는 기만적인 풍조 또한 확대되고 있다. 내 어린 시절만 하더라도 학교나 가정에서 어른들이 가르치고자 했던 것은 먼 옛날부터 변함없이 전해 내려오던 철학적 메시지인 "두려움은 나쁜 조언자"라는 내용이었다. 생텍쥐페리의 어린 왕자처럼 말하자면, '어른'이 된다는 것은 어둠에 맞서고, 밤에 대한 두려움을 이기며, 언젠가 부모를 떠나 광활한 곳으로 나갈 수 있게 되는 것, 나아가 기차와 지하철에서 위험에 처한 약자를 돕기 위해 나설 수 있게 된다는 것을 의미한다. 그 정도는 아닐지라도, 어쨌든 우리도 최소한 그런 수준에 이르기 위해 애쓰고 또한 그럴 수 있도록 권면을 받아왔다.

오늘날 북유럽을 중심으로 하는 환경주의적이고 평화주의적인 이데올로기의 영향 하에(나는 특히 독일 녹색당이 외쳤던 "죽음보다 공산주의가 낫다!Lieber rot als tot!"라는 그 유명한 문구를 떠올려 본다) 두려움은 태세를 바꾸었다. 이제는 두려움이 더 이상 어린 아이와 같은 치기의 상징으로 여겨지지 않고, 도리어 그 고약한 사전예방원칙의 의미를 따라 합의된 지혜를 위한 첫걸음으로 여겨지고 있는 것이다. 독일 환경주의자들에게 성서와도 같이 여겨지는 한스 요나스의 『책임의 원칙Das Prinzip Verantwortung』에는 '공포의 발견술Heuristik der Fucht'이라는 의미심장한 제목의 소단원이 있다. 여기서 공포는 우리가 세상과 환경, 지정학에 가해지는 위협들을 '발견'(그리스어로 '휴리스코heurisko'처럼 찾아낸다는 의미에서)할 수 있도록 하는, 즉 의식 자각의 유익한 요소인 것으로 소개되고 있다.

그런데 이와 같은 생각이 그리스 철학자들에게는 기괴하고 아주 부조리하게 다가올 것이다. 그리스 철학에서 볼 때 불안에 휩싸인 인간은 현자와 반대되는 인물이기 때문이다. 두려움은 우리를 짐승 또는 악인처럼 만들고, 자유롭게 사유하지 못하게 하거나 우리 스스로의 마음을 남에게 열어 보일 수 없도록 만든다. 곤충이나 파충류에 대한 공포증, 엘리베이터가 고장 날

것 같다는 공포증, 아무 잘못도 없는 생쥐에 대한 공포증 등의 작은 두려움들이 엄습할 때면 우리 스스로가 어떤 존재인지를 확인하는 것만으로도 공포로부터 충분히 벗어날 수 있다. 분명한 사실을 말하자면, 생쥐가 사람을 죽이는 일은 극히 드물다. 하지만 쏟아지는 공포에 사로잡히면 아무것도 할 수 없게 되고, '궁지에 몰린' 상태가 되어 분별력 있는 사고는 자취를 감추며 곧 어리석음과 내향성이 그 자리를 대신하게 된다. 현인의 모습은 정반대다. 율리시스처럼 두려움을 뛰어넘은 자는 자유로운 사유와 사랑을 하고, 지혜를 드러낼 뿐 아니라 다른 이에게 마음을 열 수 있다. 이것이야말로 서구사회가 잊어버렸을 뿐만 아니라 환경주의자들이 기후변화, 유전자변형식품, 셰일가스, 원자력 등의 잠재적 위험성을 들고 맹렬히 공격해오는 통에 거꾸로 뒤집혀버린 메시지다. 우리가 계속해서 그들의 목소리에만 귀를 기울인다면, 탈지면으로 꽉 채워진 통 속에 몸을 감추거나 거대한 콘돔 속에 들어간 채 생을 마감해야 할지도 모르는 일이다.

물론 국가가 과도한 무게를 지니고 있다거나, 사전예방원칙을 헌법에 넣을 만큼 신성화해야 한다고 주장하는 고용주 논리에 어느 정도 진리가 있다는 사실 자체를 부정하려는 것은 아니다.

내가 여기서 편의상 '고용주론雇傭主論'이라는 표현을 쓰고 있는 것은 상당히, 어쩌면 매우 적절한 것이기도 하다. 그러나 나는 영원한 변화, 영구적인 혁신을 추구하는 현대사회에서 일반적으로 나타나는 저항의 진짜 원인을 포괄적으로 파악하려면 멀리까지 나아가는, 한껏 더 멀리 나아가려는 분석이 필요하다고 확신한다. 경제적인 분야뿐만 아니라 인간이라는 존재와 관련된 모든 분야—예술, 풍습, 가치, 의복, 문화, 정보, 기술과학, 교육 등—, 즉 지나가고 뒤처진 것을 모두 박물관에나 보내버려야 할 구닥다리로 치부하고 마는 분야를 전부 살펴봐야 하는 것이다.

우선은 20세기 최고의 경제학자 중 한 명인 조지프 슘페터가 주장한 바와 같이, 자본주의가 왜 우리 운명을 혁신을 위한 혁신이라는 끝없는 논리에서 벗어날 수 없도록 하고, 바로 그러한 이유로 모든 형태의 유물, 문화재, 전통과의 끊임없는 단절이라는 논리에 자연스레 우리를 가두는지를 명확히 할 필요가 있다. 독자 여러분이 잠깐이지만 함께 따라와준다면, 이와 같은 분석이야말로 현시대를 이해하기 위해 유일한 방법임을 금방 알게 될 것이다.

두 가지 경제성장
: 소비 이론과 창조적 파괴

현대 경제에는 두 가지 성장 구조가 존재한다. 이 두 성장 구조는 각각 근대 최고의 두 경제학자인 존 케인스와 조지프 슘페터의 이름을 따 '케인스식 경제성장'과 '슘페터식 경제성장'으로 나누어 부를 수 있을 것이다.

케인스식 경제성장은 소비자의 숫자가 늘고 그들의 주머니가 최대한 두둑해질 때 성장이 이루어진다고 보며, 슘페터식 경제성장은 과거의 모든 유물, 즉 이전의 생산품, 생활 방식, 산업 구조 등을 점차 구식으로 치부하게 하는 혁신을 진정한 성장 동력으로 여긴다.

케인스의 성장 이론은, 적어도 처음에만큼은 그 어떤 부조리도 없는 듯 느껴진다. 잠재적 소비자의 숫자와 그들의 재산이 증가하면서 점점 더 많은 구매가 이루어진다면, 기업들의 판매 실적은 늘어날 것이고, 이는 곧 성장으로 이어질 뿐만 아니라 수요에 부응하기 위한 일자리의 창출을 가져올 것이다. 일반적으로 좌파 진영이 케인스 이론을 선호하며, 특히 이론 전체는 아닐지라도 유명한 '소비를 통한 경제회복론'▪▪만큼은 인정하고 있다. 그 이유를 추측하기란 어려운 일이 아니다. 공공 토론에서 종종 이 논리를 단순화하여 등장시킴으로써 다양한 기회를 노릴 수 있으며, 정계에 흔히 존재하는 선동을 위한 일종의 정수精髓로 쓸 수 있기 때문이다. 또한 일반적으로 좌파 중의 좌파들이 이 논리를 주장하지만, 보수주의 드골파 역시 임금, 특히 최저임금▪▪을 인상하면 가계소비가 진작되고 그 결과 자연스레 경제성장 및 고용 창출을 이룰 수 있다고 주장한다.

그런데 이러한 조건들을 고려한다면 실제로는 탐욕스러운 기업주들과 '지배계층'을 추구하는 맹목적 정책들이 왜 모든 상

▪ 안타까운 일이지만, 사실 케인스는 우리가 쉽게 판단하는 것처럼 단순히 성장론만을 주장한 학자가 아닌, 훨씬 더 훌륭한 경제학자였다.
▪▪ 2014년 1월 1일 이후 프랑스의 최저임금(세전)은 시간당 9.53유로로, 법정 근로 시간인 주 35시간 기준으로 계산할 경우 월 1445.38유로 수준이다.

황을 개선해줄 이 해결책을 사용하지 않는지 궁금해지기 마련이다. 노동자에게는 더 나은 생활수준을, 국가에는 국고를 가득 채울 돈을, 실업자에게는 일자리를, 그리고 기업에는 더할 나위 없이 눈부신 성장을 가져다줄 만능 해결책인데, 아무도 이 마법과도 같은 만병통치약을 향해 돌진하지 않다니 이 어찌 된 일이란 말인가?

그 이유는 이 논리의 근거가 너무도 빨리 한계에 부딪혀버리기 때문이다. 오늘날에도 노조나 정계 리더들이 어떻게 비웃음을 사지 않고 공공연히 이것을 주장하려드는지에 의문을 갖게 될 정도다. 귀류법적으로 생각해보면 금방 알 수 있다. 소비 진작, 경제성장, 고용 창출의 효과를 가져다줄 것으로 여겨지는 임금 상승이야말로 당장 택해야 할 해결책이고, 따라서 최저임금을 월 2000유로 수준으로 올려야 한다는 주장이 있다면, 왜 그렇게 좋은 것을 그 정도에서 그쳐야 하는지 반문해보는 것이다. 아예 최저임금을 월 5000유로, 1만 유로, 아니 그 이상으로까지 끌어올리는 것이 낫지 않겠는가?

여기서 이 논리가 금방 두 가지 한계에 부딪히는 것을 볼 수 있다. 하나는 기업의 이윤 폭이 무한하지 않다는 사실이고, 다른 하나는 우리가 오늘날 세계화 시대를 살고 있다는 사실이다.

실제로 세계화로 인해, 사회복지의 부재 덕분에 기업에 가해지는 부담이 없고 유럽보다 낮은 임금과 높은 노동 시간으로 유럽 대비 25~30배 가까이 낮은 생산비용을 자랑하는 중국과 같은 국가들과 직접 부딪치며 경쟁하게 되었기 때문이다. 당장 중국에 프랑스의 노동총동맹CGT을 보내 사회운동을 일으켜 그에 걸맞은 사회복지를 실현하고, 이와 더불어 프랑스 기업들이 겪고 있는 부담을 동일하게 느낄 수 있도록 해야 할 것이다! 그러지 않는 한 프랑스 입장에서는 공정한 경쟁을 벌이기 어려울 것으로 보인다.

이처럼 세계 시장을 향해 걷잡을 수 없을 만큼 활짝 문을 열어버린 오늘날의 경제 상황에서는 슘페터의 논리가 더욱 타당하다. 슘페터의 '창조적 파괴'는 읽고 또 읽어야 할 가치가 있는 실로 합당하고 적절한 이론이 아닐 수 없다. 실제로 경제성장을 가능케 하는 것은 결국 자본주의 생산 체제의 모든 핵심 분야에서 새로운 것이 만들어지는 데에 있다는 사실은 분명하다. 여기에는 생산품은 물론이고 업무 조직, 새로운 시장 개척, 새로운 생산 및 유통 방식, 새로운 원자재 등 모든 분야가 해당된다. 이는 프랑스가 혁신을 선도할 수 있었고 적절하게 궁지를 벗어났던 분야들—특히 테제베TGV, 에어버스Airbus 등—도 마찬가지다.

뻔하긴 하지만 부가적인 설명이 필요 없을 만큼 확실한 예를 한 가지 들어보자면, 애플 사에서 최신 아이폰을 출시하면서 커넥터를 바꾸는 경우, 아이폰 구매자는 새 충전기와 어댑터까지 함께 사지 않을 수 없다. 더 보편적인 예로, 우리가 10년 전쯤 사용했던 휴대전화나 컴퓨터만 떠올려봐도 혁신이 얼마나 끊임없이 이루어져서 우리로 하여금 새로운 제품을 계속 사지 않을 수 없게 만들었는지를 가늠해볼 수 있다. 자동차도 마찬가지다. 웃기려는 의도가 있거나 내기를 하는 경우가 아니고서야, 가족여행을 떠난다는 말에 1950년식 르노 4CV에 짐을 싸들고 오르는 모습을 상상하는 사람은 어디에도 없을 것이다. 내가 어릴 때만 해도 아주 당연한 모습이었는데 말이다. 비록 완벽하리만큼 멀쩡한 상태의 르노 4CV라고 하더라도 어림없다. 몇십 년 사이 안정성, 안전도, 안락함 면에서 자동차가 크게 발달한 덕분에 조부모 세대, 가까이는 우리 부모 세대가 경험했던 자가용은 더 이상 클래식 카 수집의 목적이 아니고는 전혀 쓸모없는 물건으로밖에 여겨지지 않게 된 것이다.

이와 같은 변화가 제품에만 국한되어 나타나지 않는다는 사실도 덧붙여야 할 것이다. 제품을 넘어서는 좀더 전반적인 변화들도 있기 때문이다. 경제학자들이 말하는 '범용general-purpose' 기술이 그러한 예로, 이는 문자 그대로 생활 방식 자체를 전체적으로 변화시켜 새로운 생산과 소비 경로를 촉진하고 성장과 고용을 가져다준다. 인터넷이야말로 그 뜻을 가장 잘 보여주는 사례일 것이다. 인터넷은 모든 온라인 거래 형태와 합법·불법 다운로드를 통해, 출판업에서 관광업은 물론 광고에서 뉴스에 이르기까지 무한할 만큼 다양한 분야의 경제적 여건을 송두리째 바꿔놓았다. 이쯤에서 카이사르의 것은 카이사르에게 다시 돌려주도록 하자. 슘페터는 이미 1940년대에 이러한 혁신에 대해, 그의 표현을 빌리자면 이러한 '창조적 파괴'에 대해 다음과 같이 설명한 바 있다.

사실 자본주의라는 기계를 돌아가게 하고 유지시키는 근본적인 추진력은 자본주의의 주체가 만들어내는 모든 요소인 새로운 소비재, 새로운 생산 및 유통 방식, 새로운 시장, 새로운 산업 조직 형태 등에 의해 정해진다. 국내외의 새로운 시장 개척 및 수공예 공방이나 공장에서부터 US스틸과 같은 초대형 기업에 이르기까지, 생산 조직 형태의 발달은 계속해서 과거의 요소를 파괴하고 계속해서 새로운 요소들을 창조해내며 계속해서 경제 구조를 안으로부터 혁신시키는 동일한 산업적 돌연변이—생물학적인 표현을 이해해준다면—의 과정을 보여주는 또 다른 사례가 될 것이다. 이러한 '창조적 파괴'의 과정은 자본주의의 근본적인 바탕이 된다. 결국 자본주의는 창조적 파괴로 이루어져 있고, 모든 자본주의 기업이 좋든 싫든 여기에 적응해야만 한다.

놀라운 점은 슘페터가 자신만의 이론을 요약하고 있는 이 글속에 이미 혁신에 대한 제약과 염려, 저항성이 함축적으로 나타나고 있다는 것이다. 물론 혁신은 '발전'이라는 긍정적인 측면을 지니고 있다. 이는 틀림없는 사실이며, 이 책에서도 그와 같은 측면에 대해 얼마나 찬성하고 있는지 계속해서 언급할 것이다. 심지어 어떻게 발전에 대한 대가를 최소화하고 혁신을 가로막는 제약 사항들을 제거할 수 있을지에 대해서도 이야기할 것이다. 간단히 살펴보자면, 유럽은 자본주의 역사를 거치면서 기대수명이 18세기 말 이후로 3배 가까이 증가했으며, 평균 생활수준은 20배가량 상승했다. 더 가까운 지표를 들자면 1950년대 이후 3배 증가한 실질구매력을 생각해볼 수 있다. 특히 나처럼 어린 시절 1프랑짜리 캐러멜과 사탕, 양철도시락, 난

방시설과 욕실이 없는 주택을 직접 경험해본 전쟁 직후의 세대는 당시의 기억을 떠올리는 것만으로도 이러한 사실을 확인할 수 있을 것이다.

터무니없는 반자본주의 담론과는 달리 자유주의 경제는 대중을 비극 속으로 몰아넣지 않았다. 오히려 대중을 비극으로부터 꺼내는 역할을 했으며, 정치를 발생시키는, 또는 최소한 정치활동에 필연적으로 수반되는 유일한 경제 인프라였던 것이 분명하다. 이 덕분에 사회운동이 이루어질 수 있었고, 노조와 정치계가 사회 기반에 대해 때로는 과격한 비판을 가할 수 있었다.

그런데 혁신이 지니고 있는 수많은 부정적인 면은 본질적으로 '혁신을 위한 혁신'의 논리와 관련 있다. 이 사실은 반자본주의가 전형적으로 주장하는 진부한 논리들뿐 아니라 혁신이 야기하는 저항들을 설명해준다.

먼저 혁신은 피고용자의 불안정성과 유연성을 끊임없이 만들어내, 경영자들로 하여금 전 세계적 차원의 경쟁에 적응하기 위해 계속해서 전략에 매달리게 만들기 때문이다.[*] 자본주의의

---

[*] 친애하는 니콜라 부주가 그의 훌륭한 저서 『나무가 쓰러지는 소리는 들리지만 숲이 자라는 소리는 들리지 않는다On entend l'arbre tomber mais pas la forêt pousser』에서 주장하는 것도 이러한 내용이다. 이어지는 분석의 많은 부분도 그의 책에서 빌려오고 있다.

소용돌이 속에서는 누구든 어떤 영예를 가지고 있다면 결코 쉴
수 없으며, 최소한의 휴식조차 바랄 수 없다. 성장이 눈앞에 있
는 좋은 소식으로 보일지라도, 사실은 그야말로 고요하게 흐르
는 긴 강물과도 같기 때문이다. 성장의 바탕이 되는 기술적 혁
신은 생활 방식과 사회 관습들을 송두리째 바꿔놓을 뿐 아니
라, 초기에는 어쩔 수 없이 실업과 불평등을 야기하고, 나아가
역설적이게도 성장이 아닌 퇴보를 불러오는 것이다!

왜 그럴까?

구텐베르크 시대의 출판혁명부터 현대사회의 정보혁명에 이
르기까지, 기술의 혁명은 우선 옛 시대를 살아온 사람들에게
실업을 안겨준다. 이를테면 인쇄술의 발달은 필사가들의 일이
없어지도록 만들었다. 인쇄소 직원 한 명만으로 최대 200명의
필사가를 대체할 수 있게 되었기 때문이다. 또한 오늘날에는 도
서 및 음반의 디지털화가 진행되면서 서점과 음반사들이 위협
을 받고 있는 상황이다. 그런데 이와 같은 거대한 변화의 흐름
속에서 가장 먼저 혜택을 입는 사람들은 좋은 교육을 받은 이
들이기 마련이다. 여기서 새로운 문제, 즉 불평등 현상이 발생
한다. 세상의 변화가 저학력자들에게는 불행을 가져다주는 것
이다!

이와 같은 실업과 불평등에서만 그치는 것이 아니라, 혁신의 초기에는 퇴보 현상도 나타난다. 앞서 말한 것처럼 온라인 유통과 태블릿 PC의 등장으로 음반사와 서점이 사라질 위기에 처한 오늘날, 정보혁명은 소비와 고용이라는 측면에서 긍정적인 효과를 얻기 전까지는 손해 보는 투자를 필요로 한다. 1990년대 당시 사무실에 컴퓨터를 설치하기로 결정한 기업들은 그렇지 않은 기업에 비해 더 높은 수익을 거둘 수 없었다. 새로운 설비에 들어가는 막대한 시간과 돈이 성장의 발목을 붙잡았기 때문이다. 학자들이 '창조적 통합'이라 부르는 인터넷이 우리 삶을 얼마나 새롭고 편리하게 바꿔놓았는지를 보여주는 현상은 그 이후에 나타났다. 이제는 현대사회를 비판하는 것을 직업으로 삼고 있는 일부 지식인을 제외하고는(사실 그들의 책도 아마존 사이트에서 판매되고 있지만), 온라인을 통한 다양한 자료의 다운로드, 교육, 정보, 상업 등이 크게 발달해 이제는 인터넷 없이 사는 것이 전화기나 세탁기 없이 사는 것만큼이나 상상할 수 없는 일이 되어버렸다. 최고의 경제학자 중 한 사람인 니콜라 부주 Nicolas Bouzou도 슘페터의 분석을 현대 조건에 적용시키면서 다음과 같이 설명했다.

창조적 파괴는 사회를 영구적으로 뒤흔들어놓는다. 성장의 폭이 클수록 사회는 더 흔들리기 마련이다. 그러나 성장 없이 생활 조건은 향상되지 않는다. 당연히 사회 구조의 해체도 혁신의 폭에 비례한다. 영어로 general purpose technologies(범용 기술)라고 부르는 기술이 나타날 때 사회 해체의 정도는 최고조에 이른다. 범용 기술이란 본래의 분야를 넘어 경제 전반에 영향을 미치게 되는 기술을 가리킨다. 증기, 전기, 정보처리, 나노 기술 등이 대표적인 예다. 이러한 기술이 가지고 있는 특징은 창조적 파괴가 지닌 막대한 효과 외에 혼란을 야기하기도 한다. 범용 기술이 가장 긍정적이고 가시적인 효과를 만들어내기까지는 많은 시간이 걸린다. 실제로 처음 신기술이 도입된 직후에는 이 기술의 이점에 대한 대중의 이해가 충분하지 못하고, 수십 년이 흐른 뒤에야 응용 분야가 분명해진다. 부차적인 혁신과 일자리 창출, 임금 상승 등은 그 이후의 일이다. 그런 다음에야 '창조적 통합'을 말하게 되는 것이다.

그렇다. 니콜라 부주의 표현을 빌리자면 창조적 통합은 '마술 같은 순간'이다. 반박할 수 없을 분명한 발전의 시대가 열릴지라도 짧은 시대를 살아가는 대중의 여론은 혁신의 기술적 측면들을 경험하지 않고는 알지도, 이해하지도 못할뿐더러 이러한 혁신이 보건, 생활수준, 고용, 심지어는 자유 같은 부분에까지 미치게 될 잠재적 영향력을 지니고 있다는 사실은 더더욱 알 수 없다. 결국 새로운 기술은 부정적인 측면으로만 보이게 된다. 사회 구조를 영구히 해체하고, 불확실성은 커지며, 실업 증가와 불평등 심화로 직종 전환이 어려워져 결국 대학 졸업자 및 최고 위층의 전문가들에게만 유리해지는 사회가 나타나기 때문이다. 따라서 혁신은 초기에만큼은 불가피하게도 창조적이라기보다는 파괴적인 것으로 보이기 마련이다.

니콜라 부주가 보여주듯이, 미래에는 여러 대규모 범용 기술이 떠오를 것이다. 이미 시장에 나온 기술들도 있지만 그 쓰임새에 대한 이해가 아직 부족하기 때문에 우리는 이것을 제대로 인지하지 못하고 있다. 범용 기술들의 영향은 실로 막대하다. 경제적인 측면에서는 물론이며 우리의 일상생활에서도 그러하다. 이를테면 나노 기술과 생명공학 기술을 보자. 이들 기술은 질병과 사망에 대한 우리의 접근 방식을 완전히 뒤집어놓았다. 정보과학과 인지과학 또한 마찬가지다. 우리가 앞서 살펴본 바와 같은 이유로 사회에 부정적인 결과를 가져올 것이라고 여겨졌던 기술적 변화에 직면했을 때, 사회는 두 가지 태도를 보였다.

하나는 '퇴보'를 주장하는 이론가들의 태도로, 더 보편적으로는 과거의 구조들, 즉 역사의 흐름에 따라 사라질 '기득권'을 고수하고자 하는 이들의 입장이다. 또 다른 하나는 적응을 통해 새로운 기술을 향유한다면 더 나은, 좀더 자유롭고 좀더 긴 삶을 누릴 수 있을 것이므로 새로운 논리에 적응하자는 입장이다. 다만 이것은 끊임없는 노력을 요구하며, 그로부터 도태된 이들에게는 완전히 절망스러운 결과를 가져다주게 된다.

결국 이것이 우리가 겪고 있는 게 단순히 일시적 '위기'가 아닌, 영구적 혁신이라는 사실을 이해해야 하는 중요한 이유다. 특히 이 영구적 혁신으로 '이득'을 보게 될 이들에게는 분명 열광할 만한 것이지만, 다른 이들, 즉 사라져가는 그들의 좁은 생활 범위, 세력권, 지방 변두리, 사회적 지위에 매달리는 사람들과, 당연하긴 하지만 뒤죽박죽된 삶 속에서 자본주의의 해로운 결과밖에 볼 수 없는 사람들에게는 걱정스럽기만 한 것이기 때문이다.

파괴적 혁신과 무의미
: '민주주의적 박탈'과 무능력한 정부

∧

　끊임없는 혁신의 과정이 지니고 있는 상반된 효과들, 즉 떼려야 뗄 수 없는 긍정적 효과와 부정적 효과를 각각 분석하기 위해서는 한발 더 나아갈 필요가 있다. 혁신의 영향이 일부 국민에게나 경제적·사회적 분야에서 불안정성을 야기할 뿐 아니라, 철학적·도덕적 측면에서도 가공할 특수성을 지니고 있기 때문이다. 말하자면 혁신은 본래 그 의미가 결여되어 있다.

　실제로 자본주의 사회에 들어서면서 게오르크 헤겔과 카를 마르크스가 말한 '세계사Weltgeschichte'는 계몽주의 시대나 프랑스 혁명, 또는 제3공화국 시기에는 그럴 것이라 예상되거나 적어도 기대는 해볼 수 있었던 것과 달리, 더 이상 어떤 목적지나

큰 그림의 제시를 통해 이끌리거나 '유인' 되지 않고 있다. 다만 익명적, 기계적, 자동적, 맹목적인, 혁신을 위한 혁신의 논리에 떠밀려 어쩔 수 없이 전진하고 있을 뿐이다. 경쟁이 이제는 전 세계적 차원으로 확대됨에 따라 경영인들은 쉬지 않고 적응해야 하며, 이들에게 있어 전방위적 혁신이란 많은 의미를 지닌 전망이나 웅대한 문명화 계획이 아닌 하나의 과제이자 절대적 필요, 중대한 명령이 되었다. 다윈 진화론의 자연선택과 마찬가지로 계속해서 혁신하지 않는 기업은 사라지거나 다른 기업에 먹히는 운명에 놓인다.

18세기 철학자들이 믿었던 것처럼 자유나 행복을 인류 진보의 목표로 삼는 것은 더 이상 중요하지 않다. 그보다는 단순히 생존하는 것, 온 힘을 쏟아 냉혹해져가는 경쟁사회에서 '승자'로 남는 것이 더 중요하다. 자본주의는 비非도덕적이지 않다. 적어도 화학적으로 순수한 상태의 자본주의, 복지국가의 보완책들을 반영하지 않은 상태의 자본주의는 완벽하게 무無도덕적일 뿐이다. 왜냐하면 본질적으로 그 안에 의미가 내재되어 있지 않기 때문이다. 6개월 뒤에 새로 출시될 스마트폰을 갖게 된다고 해서 그것이 우리를 더 자유롭고 행복하게 만들어줄 수 있을 거라고 진지하게 믿는 사람이 과연 있을까? 아무도 그렇지 않을 것이다. 하지만 그럼에도 불구하고 우리는 늘 새 스마트폰을 사곤 한다. 우리가 살고 있는 곳이 바로 그런 세계인 것이다.

다시 한번 말하지만, 그렇다고 이 세계가 나쁘다거나, 우리 삶에 앞서 이야기한 것과 같은 귀중한 발전을 가져다주지 않는다는 이야기는 아니다. 오히려 그 반대다. 혹시 모를 유감스러운 오해를 막기 위해 한 번 더 짚고 넘어가자. 현대사회는 과거에 비해, 또는 아직도 자본주의 역사의 변두리에 남아 있는 다른 국가들에 비해, 우리가 더 잘, 더 오래, 더 건강하게, 비교 불가능할 정도로 훨씬 더 안락한 조건 속에서 삶을 영위할 수 있도록 만들었다. 시리아나 중앙아프리카에서의 생활보다 파리나 베를린에서의 생활이 더 편하다는 사실을 그 누가 부정할 수 있겠는가? 그러나 혁신을 위한 혁신은 분명 여전히 비상식적이며 그 어떤 의미도 없다.

왜 그럴까?

이 문제에 대해 생각해본 사람이라면 누구나 오늘날 세계사의 특징은 우리가 어떤 세계를 왜 만들고 있는지 모르는 것이라는 사실을 알게 될 것이다. 전혀 단편적이지 않은, 구조적이고 본질적인 이유로 인해 세상의 흐름은 그 의미를 잃었다. '세계화'라는 단어가 명백하게 출현하기 시작했던 1980년대까지만 해도 프랑스 역사는 그것이 옳든 그르든 사회의 흐름에 항상

의미를 부여해왔다. 그런데 이제는 세계의 흐름을 지배하는 원동력이 무한할 정도로 많아졌다. 수백만 개의 기업, 연구소, 대학, 문화상품이 서로 경쟁하면서 수많은 융합과 매개체를 만들어내고 있으며, 그 결과 역사라는 강줄기는 경험하지 않고서는 전혀 예측 불가능한 것이 되었다. 소비에트연방의 붕괴, 이슬람 극단주의의 부상, 서브프라임 위기, 아랍권의 혁명 등을 비롯한 20세기 후반에 일어났던 수많은 사건을 아무도 예측할 수 없었던 것도 바로 그러한 이유에서다.

현대 자본주의는 역사적 의미가 사라지고 구조적으로 예측하거나 들여다볼 수 없다는 특징 외에, 또 다른 우려스러운 점을 내포하고 있다. 바로 세계화 속에서 국가 정책이라는 수단은 사실상 아무런 효용이 없다는 사실이다. 실제로 한 나라의 경제성장이 재무부 장관의 손에 달려 있다고 여기는 것은 우습기만 한 생각이다. 그 본질적인 이유로, 국가 정책은 국가-민족적 수준에 머물러 있는 데 비해 시장은 세계화되었고, 결국 기존의 정책적 수단 대부분이 헛되이 굴러가게 된다는 점을 들 수 있다. 따라서 오늘날 대부분의 국가 정책(지방자치단체의 정책과는 별개로)이 신뢰를 잃게 된다. 이것은 국가 지도자가 어리석거나 부패해서가 아니라—물론 일부는 실제로 그렇기도 하지만 일반적인 경우는 아니므로—국가가 무능력해질 수밖에 없는 불가피한 시기를 살고 있기 때문이다.

국가 정책은 정부의 수단을 점점 더 무효화시키는 세계화와, 또 다른 혁신을 위한 혁신인 시청률의 논리(이를테면 '특종주의')에 매여 있는 광적인 미디어화 사이에 놓인 채 점차 바닥으로 곤두박질치기 시작했다. 드골 장군이 '국가기획실'을 통해 전후 프랑스 재건을 위한 독단적인 국가 정책을 구상할 수 있으리라 기대했던 것은 너무 먼 옛날이야기가 되어버렸다. 보호무역주의나, 보통 극우 및 극좌파와 얽혀 있는 다양한 형태의 국가 주권주의가 상대적으로 성공을 거두고 있는 것도 같은 맥락에서 이해해야 한다. 세계화 속에서 국가 정책이 무력해지고 브릭스 국가와 '불공평'한 경쟁을 해야만 하는 상황인 덕분에, 잘 생각해보면 터무니없는 일임에도 불구하고 자주적 국민국가로 회귀하려는 시도가 대중을 현혹하는 그럴싸한 겉모습을 갖추게 되는 것이다.

그러나 역설적이게도 오히려 초국가적 기구—프랑스의 경우 유럽연합이 되겠다—라는 우회로를 통할 때 국가 정책에 힘을 실을 수 있을 것이다. 다르게 표현하자면, 내가 국가주권주의자이면서 유럽연합 찬성론자이고, 심지어 어느 부분에서는 연방주의자이기 때문이라고 해서 유럽연합의 현 상태가 만족스럽게 느껴진다는 것은 아니다. 오히려 그 반대다(이 내용은 뒤에서 다시 다루도록 하겠다).

그러나 우리가 앞서 살펴본 내용에 따르면 파괴적 혁신이 순전히 경제와 사회 분야에 영향을 미친다는 사실을 넘어서, 세계화된 자본주의가 본질적으로 철학적인 부분에서도 우리에게 아주 중요한 두 가지 질문을 던지고 있다는 사실은 이제 분명하다. 바로 힘과 의미에 대한 질문이다. 이를 더 정확하게 표현하자면, 다음과 같이 두 가지 의문문으로 정리해볼 수 있다. 세계화가 진행됨에 따라 매일같이 우리를 스쳐 지나가는 세상의 흐름을 어떻게 다시 붙잡을 수 있을까? 그리고 무엇을 위해, 어떤 계획과 큰 그림을 위해 그렇게 해야 하는가? 바로 이것이 내가 여러 요소를 동원해 이 책의 마지막 장에서 답을 제시하고자 하는 핵심 주제다. 그러나 일단은 파괴적 혁신이라는 논리의 분석을 따라가도록 하자. 음악적으로 표현해보자면 파괴적 혁신은 수많은 갈래가 모여 '화음'을 이루고 있는 논리이기 때문이다.

일반화된 슘페터주의
: 경제 외적 분야에서의 파괴적 혁신

∧

혁신이 야기하는 저항의 진짜 원인을 파악하기 위해서는(이 저항들을 피하려면 먼저 파악해야 한다) 한발 더 나아가 경제적·사회적 분야 외에서도 혁신이 보여주는 파괴적 효과에 대해 고려해야 한다.

오늘날 슘페터가 말한 '창조적 파괴'의 불안정하고 부정적인 영향력을 파악하기 위해서는 이 개념을 완성하고 일반화시켜서, 변화에 대한 저항이 본래 우리가 흔히 생각하는 것보다 훨씬 더 깊고 복합적이라는 사실을 이해해볼 수 있다. 실제로 꼭 그래야 한다.

우선 의미론적 차원에서 짚고 넘어가자면, 지금까지 언급해온 내용들을 고려할 때 내가 '창조적 파괴'보다는 '파괴적 혁신'이라는 표현을 선호한다는 사실을 이해할 수 있을 것이다. 아이폰4를 물속에 빠뜨린다고 해서 아이폰5가 만들어지는 것은 아니다. 그 반대로, 아이폰5가 만들어져야 아이폰4가 구식이 되는 것 아닌가. 너무 뻔하고 솔직히 말하면 바보 같아 보이는 설명이지만, 이는 혁신을 위한 혁신의 논리가 본질적으로 지니고 있는 파괴적 측면을 잘 보여주고 있다. 그런데 이것이 경제 분야에만 국한된 것이 아니라는 점을 이해하기 위해서는, 자본주의의 근본적 원칙이 현대사회의 전 분야에 적용되고 있다는 사실뿐만 아니라 퍼져나가고 있는 그 양상과 이유 또한 파악하는 것이 중요하다.

우선은 사회 풍속과 도덕의 차원에서 나타나는 변화다. 한 예로 프랑스와 같은 국가에서 의회는 물론 전국적인 차원에서 '동성결혼'과 같은 전혀 '전통적'이지 않은 주제를 놓고 토론을 벌인다는 사실은 우리 조부모 세대에서는 상상조차 할 수 없는 일이었다. 이것이 그들에게는 아예 논란의 대상조차 되지 않는, 만우절 장난쯤으로밖에 여겨지지 않는 주제인 것이다. 물론 동성결혼 자체에 대한 찬반 문제는 여기서 중요한 게 아니다. 개인적으로는 찬성하는 입장이긴 하지만, 여기서 이야기하려는 바와 큰 상관은 없다. 어쨌든 50년 전만 하더라도 문자 그대로 상상 불가였던 '혁신'이 일어나고 있다는 사실, 그리고 이 혁신이 지금으로서는 그와 연관된 국민의 눈에는 극도로 '파괴적'인 것으로 보이지만 결국은 전통적 도덕 및 종교의 관점에서 그들의 권리이기도 하다는 사실을 누구나 인정해야 할 것이다. 또 다른 예를 들자면, 여자가 해군 제독이 되어 어뢰 발사를 명령하거나, 곡예 비행단만큼 수준 높은 공군 비행 중대에서 중대장을 맡게 되었다는 것도 조부모 세대에는 전혀 상상할 수 없는 일이었을 것이다.

더 일반화시켜 살펴보자면, 19세기, 즉 유럽 내 현대 자본주의가 시작되던 그때부터, 과거에 쌓아온 전통적 가치와 권력들이 인류 역사상 전례 없을 만큼 무너져 내리기 시작했다는 사실을 빼놓을 수 없다. 학교에서 가르쳐왔던 '고전 문화'들은 그 기반을 점차 잃었고, 미술의 형태, 음악의 조성調性을 비롯해 소설, 연극, 무용, 영화 등의 다양한 분야에서 전통적 규칙들이 파괴되었다. 종교적 또는 세속적인 '부르주아적 윤리'의 이면에 종지부를 찍은 68혁명도 마찬가지다.

전방위로 펼쳐진 파괴적 혁신의 대상은 고급문화라는 영역에만 국한되는 것이 아니고, 과학, 소비에서부터 일상적인 생활 방식에 이르기까지 그 범위가 다양하다. 가령 그리 먼 옛날도 아닌 1950년대에 제임스 왓슨과 프랜시스 크릭이 DNA 이중나선 구조를 발견했던 것을 떠올려볼 수 있다. 이는 내 또래의 의사만 하더라도 대학을 다니며 의학을 전공할 때 현대 유전학이란 과목을 배우지 않았다는 것을 의미한다. 또 다른 예로 농업계 상황의 변화를 들 수 있다. 내 어릴 적만 해도 프랑스의 농업 종사자 수는 약 600만 명에 달했는데, 오늘날에는 31만2000명 수준으로 크게 감소했고, 일의 형태 자체도 완전히 바뀌었다. 이러한 이유로 일부 역사학자는 현대사회에서의 '농업의 종말'을 주저 없이 말하곤 한다. 이러한 변화는 국가의 자연 경관을 바꿔놓을 뿐 아니라, 문화적·윤리적·정치적 풍경까지 뒤집어놓기 마련이다.

이와 더불어, 자본주의를 내세운 유럽 대륙은 또 다른 혁명을 겪어왔다. 바로 여성 혁명이다. 지난 50년간 여성의 사회적·정치적 신분이 겪은 변화는 그 이전 500년간의 변화보다 큰 것이었다. 게다가 아직도 남녀 간 임금 평등은 이루어지지 않았기 때문에 변화가 충분히 달성되지 않았다고 평가되기도 한다. 이러한 점을 감안하더라도 역사적으로 '제2의 성'에 머물렀던 여성이 해방된 것은 지난 20세기 중후반에 일어난 가장 유쾌하고 혁신적인 변화 중 하나가 아닐 수 없다. 아직도 이 말을 덧붙일 필요가 있는지 모르겠지만, 이를 통해서도 파괴적 혁신이 얼마나 많은 장점을 지니고 있는지를 확인할 수 있다. 변화를 분명하게 보여주는 예로 스위스를 들어보자. 스위스처럼 유럽의 중심에 놓인 민주주의 국가에서조차, 아펜첼 주에 거주하는 여성들의 경우 1991년 4월 28일에 이르러서야 투표권을 가질 수 있게 되었다! 이 이야기를 내 딸들에게 해주었더니, 놀란 눈을 하고는 나를 마치 다른 세계에서 온 사람이나 「쥐라기 공원」「고인돌 가족」 따위에서 튀어나온 사람처럼 쳐다보았다.

어쩌면 혹자는 이런 변화들, 특히 여성 해방 등의 변화는 자본주의의 위업이 아닌, 반대로 뿌리 깊은 반자본주의 성향을 지니고 있는 사회, 노동, 정치 등과 관련된 운동에 의한 것이라고 반박할지도 모른다. 완전히 틀린 말은 아닌 만큼 나 또한 고려하지 않을 수 없었던 이러한 반박에 대해서는 뒤에서 다시 다루도록 하겠다. 이와 함께 보헤미안 운동부터 1968년 5월 혁명에 이르기까지, '반反부르주아'를 앞세웠던 사회운동들이 어떻게 부지불식간에 쾌락주의와 과소비적 사회에 길을 내주며 현대 자본주의의 근간을 완성시켰는지에 대해서도 후반부에서 좀더 심층적으로 이야기하고자 한다. 어쨌든 지금으로서도 경제

지상주의나 마르크스주의, 슘페터주의를 신봉하지 않고도 문화 및 풍속 등에서 나타나는 모든 혁명에 자본주의가 반영되었거나(마르크스식으로 표현하자면 '자본주의의 상부구조'이거나), 최소한 파괴적 혁신 논리와 전적으로 불가분의 관계에 있는 거대한 경향이 반영되었다는 사실을 이해할 수 있을 것이다. 이것이 앞서 살펴본 혁명들이 자유민주주의에서만 태어날 수 있었다는 이유이기도 하다.

앞서 언급한 바와 같이, 민주주의야말로 궁극적으로 체제를 전복시키려는 노조운동, 정치운동 등을 허용할 뿐만 아니라 심지어 적극적으로 권하는 유일무이한 정치 체제다. 무정부주의 노조운동을 위시하여 여러 '혁명적' 운동이 사회 진보에 실제로 기여했음을 결코 부정하지 않는 바다. 다만 역설적이긴 하나 그러한 운동은 자유민주주의 내에서만 가능하며, 자유민주주의 자체를 자본주의의 빠른 성장의 근간인 혁신 및 합리의 논리와 따로 떼어놓을 수 없다는 사실을 이야기하려는 것이다.

이와 같은 격변은 인간사회 전 분야에 영향을 미친다. 매일 아침 굴러들어온 돌이 박힌 돌을 빼내고 있는 **언론** 분야가 그 선두에 있다. 샤를 페기Charles Peguy의 말처럼 매일 아침 전날의 조간신문이 "호메로스보다 더 낡은 것"이 되고 있기 때문이다.

[샤를 페기는 "오늘 아침에도 호메로스는 새롭다. 그리고 오늘자 신문 만큼 낡은 것은 없을 것이다"라는 어록을 남긴 바 있다.]

정보의 24시간화
: 시청률의 절대 권력

∧

최근 24시간 뉴스 채널들이 등장함에 따라 전통적인 신문업계가 흔들리고 있음은 틀림없는 사실이다. 프랑스에서는 이러한 현상을 프랑스의 가장 큰 24시간 뉴스 채널인 베에프엠BFM의 이름을 따서 세상의 '베에프엠화'라고 부를 정도다. 매 시각 스마트폰으로 생생한 뉴스를 받아볼 수 있게 되었다는 단순한 변화가 언론 분야 전체, 특히 신문업계의 상황을 완전히 바꿔놓았다. 특히 일간지들은 끊임없는 자기발전이 불가피해졌다. 과거 일간지의 기능은 주요 소식을 개괄하여 전달하는 것으로, 이론적이고 자세한 해석을 담은 심층 기사의 임무는 주간지에 맡겨왔다. 그러나 빠른 속도를 자랑하는 새로운 매체의 등장으로 이러한 기능이 구습이 되어버림에 따라 일간지 역시 스마트폰을 통한 뉴스보다 더 심도 있는 내용을 다루지 않을 수 없게 되었고, 이에 따라 주간지 역시 혁신이 불가피해졌으며, 뉴스 채널은 혼란에 빠지는 상황에 이르렀다.

이로 인해 신문사들도 내리쬐는 태양 아래 모습을 드러내게 되었다. 다른 사기업들과 마찬가지로 보편적인 경쟁의 운명에 몸을 맡기고, 마침내 파괴적 혁신의 논리를 따르지 않을 수 없게 된 것이다. 그 결과 양심적인 기자들이 첫 번째 희생양이 되었다. 기자들은 매일의 광고 수익 없이는, 즉 충분한 '구독률'을 거두지 못하고는 자신들이 얼마나 불안정한 위치에 놓이게 되는지, 나아가 자신들이 날이 갈수록 더 젊고 혁신적이며 유쾌한, 하지만 때로는 메시지의 질이 형편없거나 우스꽝스럽고 선동적인 모습을 보이기도 하는 경쟁 대상에게 밀려 사라져버릴 운명에 놓여 있는지를 이해하게 되었다.

어쩌면 많은 사람이 그러하듯 나 또한 깊은 성찰 없이 구독률, 시청률 등의 논리가 그저 미디어 세계의 문제점이며, 선전과 선동으로 가득한 지극히 자아도취적인 텔레비전 세계의 문제점은 쉽게 바로잡힐 수 있으리라 믿어왔다. '도덕적 노력'과 약간의 지적 엄격함을 갖춘다면 비판적 사고를 통해 모두 점차 의식을 갖게 되어 이런 '이상 현상'은 줄일 수 있을 것이라고 안심하기도 했다.

그러나 최근 들어 나는 이것이 안일하고 피상적인 진단이었음을 확인하게 되었다. 시청률 논리는 현대사회의 특정 분야에서만 나타나는 사소한 이상 현상이 아니며, 이러한 현상의 본질적인 구조는 우리 모두가 연관되어 있는 일반적인 경쟁 구도에 바탕을 두고 있는 것이다. 이와 더불어 솔직히 말하자면, 나는 흔히 그저 훈계나 교훈일 뿐인 '도덕적'인 답변들이 이러한 문제와는 몇 광년쯤 멀리 떨어져 있다는 점을 확신하게 되었다. 시청률 문제는 광고 수입에 대한 끊임없는 추구와 함께 불가피하게 따라오는 것으로, 표면적인 현상이 아닌, 경쟁 구조 그 자체와 그에 따른 파괴적 혁신이라는 두 가지 지배적인 특징을 지니고 있는 현대사회의 가장 내밀한 본질이나 다름없다. 겉모습과 달리 여전히 공공서비스로 분류되고 있는 매체들을 포함해 언론계 전체가 알렉시 드 토크빌이 '민주주의적 열정'이라고 부른 것에 의지해야 한다는 강제적 필요도 바로 여기서 나온다. 이 열정은 가장 보편적인 열정, 시청률을 기준으로 말하자면 가장 수익성이 있는 열정을 의미하게 된다.

민주주의적 열정을 향한 언론의 단계적 변화

클로드 르포르Claude Lefort가 설명한 바와 같이 이러한 열정에 대해 논한 사람 중 마키아벨리만큼 뛰어난 이론가는 없을 것이다. 마키아벨리는 철학적 사유의 기반을 쌓은 현대 철학의 아버지이며, 역설적이지만 가장 위대한 민주주의 이론가이기도 하다. 그는 군주에게 권력을 확립하되, 군대나 경찰, 부자의 열정이 아닌(이들은 언제든 배신할 위험이 있기 때문에) 가장 평범하고 그래서 가장 강력한 열정, 즉 민중에게 가장 평범하게 통용되는 열정을 토대로 삼아야 한다고 조언했다. 토머스 홉스도 이 생각을 이어받아 저서 『리바이어던』을 통해 바로 이 열정, 즉 두려움을 강조하고 있다. 그러나 이러한 열정들에 대해 가장 심도 있는 분석을 한 인물은 토크빌이었다. 토크빌이 이것을 민주주의적 열정이라 부른 이유는 민주주의의 어원적 의미처럼 이것이 가장 평범하고 널리 퍼져 있는 열정이기 때문이다.

마키아벨리의 조언을 받았던 군주처럼, 시장 점유를 꿈꾸는 뉴스 방송국 국장이나 신문사 사장, 저녁 8시 뉴스 앵커 등은 그런 특징을 지닌 열정에 대해 매번 커다란 관심을 보이기 마련이다.

그런데 현대 정치철학이 시작되던 때로부터는 이미 많은 시간이 흘렀다. 우리는 이제 새로운 분석을 하고, 그들의 아이디어를 계승하되 더 깊은 성찰의 단계로 이어지도록 해야 할 것이다. 헤겔의 말처럼 철학이라는 것이 '시대의 지성'이요 '사유로 포착된 시대ihre Zeit in Gedanken erfasst'인 만큼, 이 사회를 관통하고 있는 민주주의적 열정들을 바르게 규명하고 명명하려는 노력은 철학적 차원에서도 실로 합당한 일이다. 정치적 동향, 나아가 언론의 동향에 지배적 색깔을 가져다주는 이 열정은 크게 네 가지 강력한 정서로 나누어볼 수 있다.

첫째는 '분개'로, 극좌파가 유권자들을 상대로 선동을 벌일 때 지속적으로 끌어내는 열정이다. 이 열정은 매일 아침 라디오 방송을 뜨겁게 달구는 주된 연료이기도 하다. 우리는 잠에서 깨어남과 동시에 스캔들, 사회 풍속 및 존엄성을 훼손하는 사건 사고, 문제 발언, 공금 횡령 등의 소식을 접하며 그 즉시 분개하도록 강요받고 있다. 더 최악인 것은 실제로 우리가 매일 이처럼 끊임없는 강권에 별 고민 없이 순순히 따르고 있다는 사실이다. 두 번째는 '두려움'으로, 특히 녹색 정당들이 전형적인 활동 기반으로 삼고 있는 열정이며, 자연재해 영화들이 긴 상영 시간 내내 관객에게 강요하는 것도 바로 이 정서다. 두려움은 특히 수많은 르포 및 기획 기사의 바탕이 되기도 한다. 세 번째로는

'질투(또는 선망)'를 들 수 있다. 이것은 소위 '온건' 좌파 세력에서 찾아볼 수 있는 것으로, 전유물까지는 아니더라도 분명 그들의 주된 양식이 되는 열정이다. 이들은 '부자를 혐오'하지만 그 안에 포함되고 싶어한다(카위자크 장관의 스캔들을 생각해보라.[비밀 계좌를 만들어 논란이 되었던 프랑스 예산부 장관이다]). 일종의 사회주의 가톨릭의 계보를 이어가고 있는 이들은 가난이 아닌 부유함이 죄라고 말하며(물론 이때의 부유함은 자신들의 것이 아닌, 타인의 부유함에 국한되긴 하지만 말이다), 진정한 적은 가난이고 관대한 사람이 되기 위해서는 부유한 편이 낫다는 아리스토텔레스의 말에는 수긍하지 않는다. 사실 여기에도 거의 보편적인 흐름이 담겨 있지만 말이다. 마지막으로는 네 가지 중 가장 강력한 열정인 '분노'가 있다. 보수주의 좌파나 온건 우파가 지겹도록 반복하고 있는 터무니없는 분석과는 반대로, 프랑스의 국민전선과 같은 극우 정당을 이끌어가는 원동력도 바로 이 분노다. 극우 세력의 지도자들을 살펴본다면 이들이 겁을 내기는 커녕 그 어떤 상황에서도 진짜 용기를 보여주고 있다는 것을 확인할 수 있다. 심지어 국민 다수로부터 지탄받는 것조차 두려워하지 않고, 가장 어렵고 공격적인 논쟁에도 맞설 준비가 되어 있으며, 그 어떤 주저나 망설임도 보이지 않는다. 그들 안에는,

연료가 밤낮없이 타오르는 것처럼 분노가 항상 들끓고 있다.

언론이 쉽게 주무를 수 있는 유권자들도 마찬가지다. 크고 작은 범죄와 몰상식한 사건들이 처벌받지 않는 사실에 격분한 유권자들은 이 같은 타당한 이유를 가지고 무기력과 적당주의에 분노하게 된다.

열정을 네 가지로 나누는 것은 지나치게 엄격한 구분법이라는 반박이―당연히―있을 것이다. 특히 이 열정들은 주로 뒤섞여 나타나기 때문이다. 이를테면 극우파가 극좌파만큼 분개할 수도 있고, 극좌파가 극우파처럼 분노할 수도 있다. 마치 누가 누구인지 헷갈릴 정도로 서로 닮게 되는 것이다. 이 또한 부정할 수 없는 사실이긴 하나 주된 내용만을 다루기 위해 여기서는 더 이상 언급하지 않겠다.

현대 프랑스의 특징이기도 한 쇠락하는 상황 속에서, '국가'가 회복되는 것은 매우 중대한 일이다. 국가가 힘을 잃어갈 때 가장 흔하고도 치명적인 열정이 국민을 사로잡게 되기 때문이다. 실제로 국가가 하는 일은 무엇인가? 공익을 위한 정책 시행보다 중요한 국가의 역할은 바로 사회가 스스로의 미래를 상상하고 자의식을 갖출 수 있는 것이다. 자각의 장은 인체로 따지자면 뇌와 같은 역할을 한다. 그런데 그러한 국가가 더 이상 신뢰성을 지니지 못할 때, 사랑받지도 미움받지도 못한 채 그저 무시의 대상이 될 때, 무미·무취·무색한 것으로 여겨질 때, 바로 이때 시민 불복종이 시도되기 시작한다. 시위대는 주저하지 않고 공공재를 망가뜨리며, 시민들은 탈세를 자행하고, 지자체들은 마치 입법부의 결정이 앞으로는 취향껏 고를 수 있는 선택지라도 되는 양 법을 적용하지 않으려고 하는 것이다. 결국 공화국, 즉 '공적인 것res publica'은 풍전등화와 같이 된다. 언론이 파괴적 혁신과 영구적인 특종주의 논란에 문자 그대로 취해 있지만 않았더라면, 이러한 상황 속에서 정찰대 역할을 하지는 않았을 거라고 그 누가 주장할 수 있겠는가?

더 넓은 의미로, 세계화된 자본주의의 결과는 과거의 전통사회에서는 완전히 무심하게 여겨졌던 모든 형태의 패션에서도 가장 잘 나타나고 있다. 질 리포베츠키Gilles Lipovetsky가 이제는 고전이 되어버린 그의 책『공허의 제국L'Empire de l'éphémère』에서 말한 것처럼, 자유민주주의는 의복에까지 영구적인 혁신의 논리와 더불어 과거 및 '구식old-fashioned'에 대한 단절의 논리를 주입한 유일한 체제다.

물론 시대가 변한다고 해도 인도의 사리, 일본의 기모노, 로

마의 토가와 같은 전통 의복들은 사실상 거의 변하지 않은 채로 남아 있지만, 우리가 일상적으로 입는 옷과 텔레비전, 자동차, 가구 등 생활 수단으로서 우리를 둘러싸고 있는 것은 모두 해를 거듭하면서 서서히 변해왔다. 1970년대 영화 속에서 당시 남성들의 선망의 대상이었던 넓은 칼라 셔츠에 긴 나팔바지를 펄럭이는 모습만 보더라도, 슘페터가 끝까지 포기하지 않았을 바로 그 논리처럼, 굴러들어온 돌이 얼마나 박힌 돌을 계속해서 빼내고 있는지를 확인할 수 있을 것이다.

억압적 탈승화
: 파괴적 혁신의 세 가지 결과

∧

    이미 계몽주의 시대에 장 자크 루소나 애덤 퍼거슨과 같은 대철학자들이 생각했던 바처럼, 혁신은 인간이 지닌 천재성, 창의성, 완벽에 대한 잠재성 등 수천 가지 면모를 보여준다. 우리는 혁신을 통해 더 큰 의사 표현의 자유를, 통행과 왕래를, 다양한 수단으로 비판할 권리를 얻게 되었다. 또한 인간의 수명과 삶의 질도 지속적으로 개선되어서, 친척 어른들에게서 들을 수 있는 것처럼 50여 년 전만 해도 목숨을 앗아갔던 무서운 질병들이 지금은 감기나 염증처럼 쉽게 치료할 수 있게 되었다. 그런데 혁신은 이러한 성취 외에도 근본적으로 자유민주주의를 부분적으로 불안정하게 만드는 그다지 좋지 않은 결과를 가져오기도 했다.

첫째로, 슘페터가 자신의 글을 통해 여러 차례 반복해서 이야기했던 것처럼, '파괴적 혁신'의 논리는 본래 '왕과 교황들'의 자리를 빼앗았다. 다르게 표현하자면 귀족적, 종교적 전통들을 뿌리째 파괴한다는 것이다. 이러한 사실은 종교계가 사회주의만큼은 아니지만 자본주의에 대해서도 그토록 오랫동안 적대감을 보여온 이유를 설명해준다. 최근 프란치스코 교황이 부유층이나 금융가를 비판하는 설교를 한 것만으로도 충분한 예가 되지만, 더 깊이 들어가자면 바티칸의 공식 교리문답서에서 자본주의 사회에 대해 언급하고 있는 부분을 통해서도 이해할 수 있을 것이다.

그런데 무신론자이고 민주주의자이며, 볼테르, 프로이트, 니체가 말한 것처럼 세상의 세속화와 종교의 쇠락을 형이상학적 환상에 대한 인류의 해방이라는 하나의 경향으로 보고 있는 사람에게는 이러한 사실이 긍정적으로 다가올 것이다. '신의 죽음'이나 '세계의 탈주술화'를 통해 더 자유롭고 강렬한 삶으로 나아가는 것을 가로막는 장애물들을 없앨 수 있을 거라 기대하고, 개인의 신성화, 비판적 사고와 설득의 자유가 힘을 얻게 되어 더 이상 하찮지 않은 요소가 될 것이라고 보기 때문이다. 현대인들의 눈에는 유익하게만 여겨지는 전통적인 가치 및 권력의 쇠퇴가, 엄격하고 강제적이긴 하지만 그 이유로 사회성, 예절, 교육 등 여러 면에서 많은 강점을 지니기도 한 사회적 행동의 틀을 뒤흔들어놓은 것 또한 사실이다. 자본주의는 이처럼 전통적인 '방식'들을 파괴하고, 우리가 사는 사회를 마치 파도 위에서 끝없이 흔들리는 서핑보드처럼 불안정한 곳으로 만들어, 장기적인 판단이 어려울 정도로 예측 불가능한 결과를 낳았다.

68혁명을 이끌었던 '진보주의자'들은 기뻐할 일이겠지만, 혁신으로 인해 사회를 심각하게 파괴하는 결과가 나타난다는 사실을 부정하려 한다면 이는 지나치게 순진한 생각일 것이다. 사회 풍속과 관련된 끊임없는 혁신은 우리가 '근간'이라 부르는 것과 연관된, 즉 지역 전통처럼 오늘날 야유와 유감의 대상이 되곤 하는 국가 정체성과 연관된 모든 사회적 범주에 일종의 현기증을 선사했다. 그나마 관광업에 의해 이러한 전통이 지켜지고 있는 듯 보이지만, 이것 역시 잘못된 생각이다. 사실상 관광업의 일반 소비 논리 속에서 지역 전통이 재활용됨에 따라 곧 전통의 특성과 의미가 근본적으로 변질되는 결과가 나타나고 있다. 오늘날 유럽에서는 매일같이 새로운 박물관이 문을 열고 있는 게 사실이지만, 여기에 순진하게 속아 넘어가서도 안 된다. 연간 수천 명이 찾는 '크레페 박물관' 따위는 결국 선조들의 풍습을 부활시킨다는 명목 하에 그저 그 풍습들을 소비와 상업화라는 현대사회의 사이클 속에 집어넣어 앞으로 혁신의 대상이 될 수 없는 과거라는 틀 안에 가두어버릴 뿐이다.

그렇다면 한 면이 나오도록 동전을 던지지 않고서, 내가 사유와 이성과 깊은 신념을 통해 하고 있듯이, 우리가 영원히 사라지는 것들에 민감하게 반응하는 동시에 혁신과 진보에 매달릴 수 있다는 것을 어떻게 설명할 수 있을까? 우리는 일반적으로 공론이 펼쳐지는 상황에서 꼭 자신의 진영을 선택하도록, 동전의 양면 중 한쪽을 선택하도록 강요받게 마련이다. 진보주의나 퇴보주의, 낙관론이나 비관론, 근대 찬양론이나 근대 비판론 중 하나를 선택해야만 인정받을 수 있다. 그런데, 바보같이 들릴지 모르겠지만, 어떻게 양쪽을 다 택하지 않을 수 있겠는가?

무엇보다 이 책을 통해 독자의 관심을 집중시키고자 하는 지점이 바로 여기에 있다. 점점 더 무거워져만 가는 대가를 필요 이상으로 치르지는 않되 발전을 통해 얻은 것들을 보전하기 위해서 우리는 무엇을 해야 할지, 특히 교육계에서는 어떻게 해야 할지에 대해 고찰하려면, 현대사회를 이루고 있는 이러한 '모호성'을 반드시 이해해야 한다는 것이다. 독단적인 단호함을 통해서만 유일하게 힘을 얻을 수 있는 찬반론의 차원을 넘어서, 우리가 빠져 있는 이 세상의 깊은 본질에 대해 좀더 신중하게 생각해보자고 제안할 때, 마침내 이러한 논란이 이해될 수 있는 것 아닐까?

둘째로, 파괴적 혁신의 논리는 오늘날 전쟁터로 변해버린 지성과 도덕의 세계에 신중함을 금하는 결과를 불러왔다. 이 부분에 대해 슘페터와 유사한 주장을 펼쳤던 막스 베버의 설명처럼, 자본주의의 특징은 갖은 수단을 통한 이익 추구가 아닌, 실로 합리적으로 이익을 추구한다는 점에 있다. 사실 돈을 버는 방법 자체는 도둑질부터 불법 거래, 매춘에 이르기까지 다양하다. 그러나 자본주의를 대표하는 것은 '합리성'이다. 자본주의는 생산 체계를 합리화하고 더 나은 설계를 위해, 즉 수익성 높고 경제적인 생산을 이루기 위해 끊임없이 노력하고 있으며, 바로 이 노력 안에 이득이 되는 혁신에 대한 쉼 없는 연구가 포함되는 것이다. 그렇기 때문에 자본주의는 괴테의 『파우스트』에서 나타나는 메피스토의 정신, 즉 "끊임없이 부정하는 영der Geist des stets verneint"을 구현하는 데 최고의 사명을 두고 있는, 비판적일 수밖에 없는 지성의 장을 어쩔 수 없이—이러한 흐름을 피할 경우 가장 소중하고 핵심적인 기반을 놓치는 꼴이 되기 때문에―만들어내게 된다.

앞서 언급한 바 있지만 여기서 더 분명하게 살펴보자면, 자본주의는 정치적으로는 자유민주주의를 만들어냈는데, 자유민주주의 하에서는 가장 반동적인 반혁명주의부터 급진 좌파의 반자본주의에 이르기까지 상상 및 실현 가능한 모든 형태의 고발이 허용되고 있다. 프랑스의 경우도, 당국의 비판을 받지 않고 마오쩌둥주의자들과 친교하는 왕당파 지식인들을 찾아볼 수 있는 것 또한 같은 맥락이다. 그 어떤 정당이든 인종적 차원의 증오를 불러일으키는 정도만 아니라면 거의 제한받지 않는다. 심지어 미국에서는 수정헌법 제1조에 의해 인정된 표현의 자유라는 명목 하에 그런 정당까지도 허용하고 있다.

지식인이 학계에서 높은 위치를 점하고 있든, 18세기 말처럼 '문학적 보헤미안' '삼류 작가' '기자 나부랭이' 등으로 불리든, 결국 정치적 현실과는 분리된 사회적 위치에 놓이는 것이 사실이다. 그러나 그들 자신에게든, 그들의 독자들에게든 그 어떤 책임도 질 필요가 없는 이 지식인들로서는 그들 대부분이 20세기 내내 바라왔던 자본주의가 붕괴한다고 해도 잃을 것이 거의, 또는 전혀 없는 것이다. 실제로 레몽 아롱과 같이 아주 드문 예외, 아니 어쩌면 이 유일한 예외를 제외하고는 지난 세기의 뛰어난 지식인들은 모두 독단적 마르크스주의나 파시즘, 나치즘 등에 속해 있었다. 물론 여기서 그 많은 지식인의 이름을 다 나열할 필요는 없을 것이다.

이것이 1920년대 후반 슘페터가 자본주의는 자기 파괴로 끝나게 될 것이라고 확신했던 이유인데, 그가 주장하는 자기 파괴의 근거는 마르크스의 주장―요약하자면 대중이 빈곤화됨에 따라 계급투쟁이 심화되기 때문에 파괴될 것이라는 주장―과는 반대로, 오히려 대중이 경제적·사회적 성공을 거두면서 지식인들의 특권, 즉 그들의 사명과도 같은 제한 없는 비판을 견딜 수 없게 된다는 데 있다. 슘페터가 1928년에 발표한 논문 「자본주의의 불안정성The Instability of Capitalism」▪을 통해 이 부분에 대해 서술한 내용을 살펴보자.

현재 경제적으로 안정을 가져다주며 앞으로 더욱 안정화된
다고 하더라도, 자본주의는 인간 영혼의 합리화를 밀어붙여
고유의 기본 조건, 근본적 동기, 생존을 위해 필요한 사회적

▪ 이와 관련해서는 1990년 출간한 슘페터의 『자본주의, 사회주의, 민주주의』(1990, Payot)에 장클로드 카사노바가 훌륭한 서문을 실어 잘 설명하고 있다.

제도 등과 양립할 수 없는 사고방식 및 생활 방식을 만들어 낸다. 자본주의는 경제적 필요에 의해서가 아니라, 대개 번영과 안녕이라는 명목 하에 치러지는 희생들을 대가 삼아 또 다른 개체로 변화하게 된다. 이 단어를 사용해도 좋다면 이 새로운 개체는 사회주의라고 이름 붙여볼 수 있을 것이다.

인류가 자본주의를 파괴한다면 분명 번영과 삶의 질이라는 측면에서는 악화되는 부분이 있을 것이다. 그러나 이처럼 부와 안녕에 해로운 영향을 끼칠지라도, 자본주의의 파괴가 분명 우리 사회의 가장 중요한 원칙인 자유와 이성으로 지식인들의 내부에 어쩔 수 없는 비판적 정신을 야기한다는 사실은 변함없이 예정되어 있다. 따라서 자유주의 사회가 끝나게 될 것이라는 점에서는 마르크스와 동일한 주장이지만, 그 정반대의 원인을 들고 있는 것이다.

역사는 아직 끝나지 않았으므로 이쯤에서 슘페터의 예측이 적중했는가의 여부에 대해서는 묻지 않고 남겨두도록 하겠다. 실제로 슘페터가 생전에 전혀 예측할 수 없었을 공산주의 붕괴로 인해 상황이 완전히 바뀌었기 때문이다. 자본주의의 승리 때문이 아니라 공산주의가 내부적으로 폭발해버린 까닭에 이제 참조reference로 삼을 만한 대상들은 사라졌고(유럽의 경우 마오쩌둥이 세운 공산주의 국가 중국을 이상향으로 삼는 사람들은 일부 괴짜 노인네들 외에는 존재하지 않는다), 지식인 특권층은 좋든 싫든 다시 제자리로 돌아와 새로운 유토피아가 흐릿하게나마 윤곽을 드러낼 때까지 기다려야 했다. 이러한 점에서 2007년 프랑스 대선 당시 니콜라 사르코지에게 표를 던졌던 극좌파, 특히 마오쩌둥주의자들의 모습은 인상 깊고 또한 우스꽝스럽기까지 하다. 여기서 그들의 이름을 언급하는 것은 자비를 가지고 참도록 하자.

그런 까닭에 슘페터가 내린 자본주의의 종말에 대한 예측은 상황이 변화함에 따라 그 효력을 잃은 듯 보인다. 하지만 그렇다고 해서 역사가 언젠가 그의 예측대로 흘러가게 되지 않을 것이라고 확증된 바도 전혀 없다. 경영자들이 관리자와 '자본주의 공무원'으로 대체되고, 이들이 자본주의를 전례 없는 민주적 사회주의*의 형태로 끌어가게 될 수도 있다. 그러나 다시 한번 말하지만 이 논쟁은 여기서 종지부를 찍을 수 없으므로 이

■ 슘페터의 가장 열성적인 독자 중 한 명인 장클로드 카사노바는 슘페터에 대해 "(그는) 마르크스를 찬양하면서도 비판했고, 자본주의를 유감스러워하면서도 매장했으며, 사회주의를 경멸하면서도 받아들였고, 귀족 제도를 그리워하면서도 민주주의를 인정했다"는 멋진 설명을 남겼다. 한마디로 슘페터가 매우 토크빌스러운 인물이었다는 것이다.

대로 남겨두도록 하자.

오히려 확실한 것은, 우리가 파괴적 혁신의 논리에 대해서는 아직 아무것도 해결하지 않았다는 사실이다.

그런데 파괴적 혁신은 도덕적인 측면에서도 분명한 영향을 미쳤다. 사실 누구나 알고 있듯이, 혁신의 궁극적인 목적은 다름 아닌 성장이다. 끊임없이 혁신한다는 것은 계속해서 더 많은 것을 팔고 더 많은 일자리를 만들어서 사업을 더 잘 돌아가게 만드는 것이다. 결국 같은 이야기이긴 하지만, 이러한 관점에서 볼 때 성장과 소비는 동전의 양면과도 같은 셈이다. 혁신 없이 성장도 없지만, 소비자들이 구매하지 않아도 성장은 없다. 바로 이 지점에서 다시 원점으로 돌아오는 것이다.

이 문제는 굉장히 중요하다. 독자 여러분 또한 가족, 조상, 자녀 등 관계를 총동원해 개인적인 사례를 통해서라도 이에 대해 깊이 살펴보기를 권한다. 우리가 전통적인 가치와 권력으로부터 멀어질수록 소비 중독의 논리, 즉 1960년대에 '억압적 탈승화repressive desublimation'라고 불렸던 상태에 더 쉽게 빠지게 된다. 결국 우리와 우리 다음 세대가 무한한 고도대중소비에 빠져들게 하기 위해서는(이것이 '억압'이다) 전통적 가치, 즉 슘페터식으로는 '왕과 교황들', 내 방식대로 표현하자면 어린 시절 보았던 시골 농부들이 가지고 있던 가치들이 반드시 현대인들에 의해 파괴(이것이 '탈승화'다)되어야 한다는 것이다. 그리고 역으로 고도대중소비 논리는 과거의 전통적 가치를 오래되고 케케묵은 것으로 깎아내리게 한다. 더 알기 쉽게 표현하자면, 우리가 마음과 정신에 강하고 안정적인 전통적 가치를 더 많이 가지고 있을수록 토요일 오후 아이들을 차에 태우고 괜히 쓸데없는 물건을 사러 동네 마트에 가야 할 것만 같은 욕구를 느끼지 않게 된다는 이야기다!

내가 앞서 정치적 측면에 대해 이야기하면서 제시했던 두 가지 질문('힘'과 '의미'에 대한 질문, 즉 우리로부터 멀어져가는 세상의 흐름을 붙잡기 위해서는 어떻게 해야 하며, 왜 그래야 하는가?)을 보완하는 또 다른 질문을 바로 여기서 찾을 수 있다. 더 넓은 의미에서, 어떻게 하면 지나치게 큰 대가를 치르지 않고 혁신의 장점들을 취할 수 있을까? 퇴보를 동반하지 않는 발전이란 것이 가능할까? 나는 이러한 질문에 대해 신념과 낙관적 태도를 가지고 긍정적인 답변을 내놓곤 한다. 물론 어떤 면에서는 아직 현실적이라기보다는 점묘화처럼 흐릿하게 보이지만 말이다.

어쨌든 이 책을 통해 앞으로 살펴보려는 두 가지 내용도 이와 관련이 있다.

첫째는 근현대 예술에 대한 이야기다. 근현대 예술은 현대 자본주의의 논리인 과거와의 영구적 단절과 혁신을 있는 그대로, 때로는 풍자적으로 보여주고 있는 새로운 예술로, 오늘날 문화가 지닌 역설을 최대로 밀고 나가고 있기도 하다. 근현대 예술은 흔히 파격적이며 혁명적이라고 알려져 있지만, 사실 부르주아 지식인층부터 산업계에 이르기까지 가장 부유하고 '자리'를 잘 잡고 있는 이들에게만 큰 반향을 일으키고 있다. 스스로를 비주류라 규정하고 있는 예술이, 세상의 대표적인 주류에게만 맹목적인 찬사를 받고 있는 것이다. 국제현대미술전시회FIAC나 피에르 불레즈의 피아노 공연 관람객 중에 농사짓는 사람이나 노동자는 한 명도 찾아볼 수 없지만, 대부호나 보보스Bobos족은 넘치도록 볼 수 있다. 특히, 지난 두 세기 동안 적대적 관계를 지속해왔던 보헤미안과 부르주아가 '보보족'이라는 이름으로 새롭게 화합하게 된 것을 파괴적 혁신의 논리를 빌리지 않고서 어찌 이해할 수 있겠는가?

둘째, 발전이 가져다주는 다양한 모호성에 대해 어떻게 대응해야 할 것인지를 살펴볼 것이다. 가정을 비롯해 인간 삶의 모든 분야에서 자율성을 인정한다는 점에서 나는 유럽사회가 특히 문화 및 정치 측면에서 여전히 훌륭한 사회라고 생각한다. 그런데 근간으로부터의 단절이라는 보편적 논리 속에서 유럽이 회복 불가능한 쇠락에 빠지지 않도록 하려면 어떻게 해야 할까?

이와 관련해 내가 마음속에 품고 있는 신념은 다음과 같다. 오늘날 유럽의 연장자들은 자유, 자율성, 사회보장 등이 갖춰진 사회에 살 수 있는 행운만을 가진 단계에 있지 않다. 그러한 강점들의 원인을 이해하지 못하고, 그것을 누리기에 마땅한 모습과 그 파괴성에 대해 통찰력 있는 모습을 보여주지 못한다면, 나는 우리가 곧 전부를 잃게 될지도 모른다는 예감이 든다. 문명사회, 즉 유럽사회는 죽음을 맞을 것이며 그 종말은 인류 차원에서 상상할 수 있는 한 최악의 재앙이 될 것이다.

우리에게 주어지는 이러한 질문이 우리의 깊은 성찰을 절박하게 요구하고 있는 것도 이러한 까닭에서다.

현대 예술,
화학적 순수 상태의 파괴적 혁신

∧

파괴적 혁신의 자본주의적 논리가 최고조로 나타나는 것은 어쩌면 우리가 '근현대'라고 부르는 예술 분야에서일지도 모른다. 덧붙여 말하자면 근현대 예술이 부르주아 사회에서는 역설적이게도 성공적인 반응을 끌어내는 반면 '대중'이라고 불려왔던 이들, 이를테면 노동자나 농민들에게는 무관심의 대상이 되는 사실도 이를 통해 이해해볼 수 있을 것이다. 농담 같지만 이러한 사실을 극명하게 보여주는 일화들이 있다. 자주 언급되는 대표적인 예로는 어느 불쌍한 청소부가 더러운 욕조를 닦고, 테이블을 치우고, 꽁초가 가득한 재떨이를 비워버렸는데, 이것이 각각 다니엘 뷔랑, 데이미언 허스트, 폴 브랑카의 '걸작'들이었다는 이야기를 들 수 있다.

이와 같은 현상의 이유는 근본적이며, 그만큼 단순하다. 다른 곳과 마찬가지로 오늘날 '고급문화'로 여겨지는 분야에서도 파괴적 혁신이 이중적인 면모를 드러내고 있기 때문이다. 현대 예술은 한편으로는 과거에 대해 파괴적이고 파격적이며 혁명적인 모습을 보인다. 전통과의 영구적인 '단절'을 연출해야만 하는 사명을 띠고 있기 때문이다. 이러한 현대 예술의 측면은 헤겔이 '부정성negativity'이라고 부른 것으로 이어진다. 그러나 다른 한편으로는 미래를 향한 긍정적, 혁신적, 창의적, 창조적인 측면 또한 현대 예술의 특징이기도 하다.

이처럼 여기서도 동전의 양면과 같은 모습이 나타나고 있다. 한편으로는 현대 예술가들이 철저히 '보헤미안'다운 모습, 질서보다는 사회운동을 택하는 반反순응주의적 모습을 드러내도록 하면서, 또 한편으로는 관례를 깨뜨리고 정도를 벗어나는 창의성과 과감성을 추구하는 대기업가, 금융가, 은행가들을 열광시키고 있는 것이다. 결국 부르주아들은 현대 예술이야말로 자신들과 닮아 있고 마치 거울처럼 자신들의 모습을 비춰주는 인류 역사상 유일한 존재라는 것을 알아차리게 된다. 즉, 기업가의 논리, 끝없이 변화하는 창작자의 논리를 통해 그들에게 힘을 실어주고, 나아가 마르크스와 슘페터가 세상의 본질, 세계화된 자본주의의 본질로 보았던 영구적인 혁명의 움직임 속에 그들을 포함시킨다는 것이다.

현대 예술가들이 스스로를 기꺼이 무정부주의자라고 소개하고 백만장자처럼 살고 싶은 마음이 없다고 하더라도, 그들의 후원자나 구매자들은 자유주의 사회의 엘리트들로 구성되게 된다. '사회 문제를 염려하는' 기업가들도 파격적이고 혁신적인 예술가들의 손을 빌려 가려운 곳을 긁고 싶어하는 자본주의자에 지나지 않는다. 결국 이 예술가들은 기업가에게 교양 없는 물질주의자가 아닌, 예술과 문학의 친구이자 깨어 있는 사람이라는 그럴싸한 정체성을 선사한다. 결과적으로, 예술가들이 행동으로는 자본주의의 가장 본질적 논리인 파괴적 혁신을 따르고 있으므로, 이들이 말로는 자본주의의 성공을 비판한다고 해도 그것이 기업가에게는 큰 문제가 되지 않는 것이다. 오히려 이것이야말로 기업가에게는 가장 달콤한 전율로 다가오게 된다.

좌파 예술가, 우파 구매자

수많은 예가 있지만 그중 가장 상징적인 것으로는, 프랑스의 공화국 역사상 틀림없이 가장 부르주아적 대통령(비판하려는 의도는 없다. 다만 사실이 그렇다는 것이다)이었을 조르주 퐁피두 덕분에, 공산주의자인 데다 열렬한 스탈린 추종자**였던 파블로 피카소의 그림이 그의 생전에 루브르 박물관에 걸릴 수 있었던 점을 들 수 있다. 내가 알기로는 이는 최초이거나 극히 이례적인, 매우 영광스러운 일이었다.

이처럼 부르주아와 보헤미안이 파괴적 혁신의 수호자로서 화합하게 되었다는 사실은 최근에 나타난 수많은 희비극적 사례 중에서도 가장 의미가 있는 일이다. 2013년 12월, 자동차 전문 잡지 『스포츠 앤드 클래식 카』의 편집장은 국제현대미술전시회에서 감명 깊은 작품을 발견했다. 그것은 평범한 금고 위에 브란트 사의 냉장고를 얹어놓은 작품을 발표해 '혁신적 파격'이라는 명성을 얻은 바 있는 현대 예술가 베르트랑 라비에의 신작으로, 교통사고라도 난 듯 폐차가 되어버린 페라리 디노Ferrari Dino 스포츠카를 하얀 단상 위에 얹어둔 작품이었다. 독자 여러분에게

■ 내가 잘못 알고 있는 것이 아니라면, 피카소는 스탈린이 사망한 그날 피에르 데Pierre Daix(사실 내가 이 이야기를 들은 것도 피에르 데와의 저녁식사 자리에서였다)의 요청에 따라 프랑스 공산당PCF의 주간지에 싣기 위한 스탈린 초상화를 그리기도 했다. 이 사실은 논란을 불러왔고 덕분에 나는 노동계에 현대주의적 열정이 부재하다는 내 의견을 한층 더 확신할 수 있었다.

도 이 잡지를 찾아보거나 인터넷을 검색해서라도 이 참혹한 아이디어의 작품을 직접 확인해 볼 것을 권하는 바이다. 천장은 찌그러지고 차체 측면은 구멍나 있으며 보닛은 뒤틀려 거의 빠져 있는 모습으로, 한마디로 폐차장에서나 볼 수 있는 흔한 사고 차량 같을 뿐 그 외의 다른 특색 있는 모습이나 미적인 효과는 찾아볼 수가 없다. 그런데 이 고철덩어리 같은 작품을 25만 달러에 구입하겠다는 구매자가 나타났다. 참고로 말하자면, 완벽하게 멀쩡한 상태의 같은 페라리 디노도 5만 달러 이하로 구입 가능하다. 결국 구매자가 제시한 가격은 번쩍이는 새 페라리를 최소한 다섯 대는 구입할 수 있는 금액인 셈이다. 차라리 멀쩡한 페라리를 다섯 대 사고 원한다면 한 대는 그렇게 부숴놓고 다른 네 대를 타는 것이 더 나을 텐데 말이다. 모두가 예측했듯이 이 망가진 페라리를 사겠다고 나선 사람은 노동자도 농민도 아닌 대기업가였다. 이 사람이 작품을 보고 머릿속에 떠올렸을 생각을 추측하는 것은 어려운 일이 아니다. 그가 보기에는 일부러 망가뜨린 이 스포츠카가 우습게도 '창조적 파괴'의 논리를 상징하는 것처럼 보였을 것이다. 그래서 경탄을 금치 못했던 것이다.

이 사실에 약간 놀라고 만 편집장은 친분이 있는 경매사 한 사람에게 전화를 걸었고 그 내용을 글로 실었다. 그는 현대 예술에 도대체 어떤 연금술이 일어났기에, 납을 금으로 바꾸는 정도는 아닐지라도 망가진 고철덩어리가 거액의 돈으로 바뀌는지를 궁금해했다. 경매사는 우리의 이 당돌한 문외한에게 여러 전문 용어와 사례를 들어 설명하기 시작했다. 라비에가 마르셀 뒤샹과 다다이즘의 계보를 이을 뿐 아니라 오히려 그들보다 더 대담한 창의성을 가지고 한계를 무너뜨리는 예술가이기 때문이라는 것이다(물론 이미 그 시대로부터는 100년이 지났고 시장의 도움까지 있었던 덕분에 더 대담한 창의성이라는 것이 그다지 큰 의미가 없을뿐더러 별로 와닿지 않긴 하지만 말이다). 경매사는 그런 예술가들처럼 라비에 역시 "탐미주의와 작업적인 측면에서 전통적인 예술의 가치를 백지화하는 인물"이라고 덧붙였다. 정말 그렇다! 이 '작품' 안에서는 그 어떤 아름다움도, 솜씨도, 최소한의 세계관도 찾아볼 수 없으며, 경매사의 말을 빌리자면 "예술작품을 조롱거리로" 바꾸고자 하는 의지만 남아 있을 뿐이다. 그가 자로 잰 듯한 아름다움, 재능, 기술을 추구했던 고전 예술이 지닌 미술관에 어울릴 법한 신성성을 변기 하나로 조롱했던 마르셀 뒤샹의 스타일을 따라 전통과의 단절 의지를 선보이고 있다는 것이다.

또 한 가지 덧붙이자면, 조소 섞인 조롱을 보여주는 이러한 장르에서는 성공이 전부인 게 사실이다. 경매사와의 통화에서 편집장이 짐짓 순진한 척 자신도 페라리 한 대를 사고 내서 비싼 값에 팔 수 있겠느냐고 묻자, 경매사는 곧장 그럴 수 없다고 답했다. 한 작가가 자신의 이름과 '작품'을 평범한 사람들이 범접할 수 없는 차원의 예술 시장에 정착시키기 위해서는, 현대의 홍보 기술과 많은 시간을 요하기 때문이라는 것이었다. 예술 창작의 역사라는 측면까지는 아닐지라도, 적어도 아직 망가지지 않은 페라리 스포츠카들을 살릴 수 있다는 측면에서는 좋은 소식인 셈이다.

여기서 경매사는 형이상학적인 말들을 쏟아내야 할 것만 같은 의무감을 느꼈던 모양이다. 마치 "만물의 끝"이라거나 "인간이라는 조건이 지닌 비극" "존재 이유의 범위" 등의 연설조의 표현 없이는 현대 예술작품이 존재할 수 없는 것처럼 말이다. 왜 애꿎은 자동차를 부숴야만 했던 것일까? 이는 "존재의 유한성" "소유의 공허함" "소비주의의 무의미"를 보여주고 결국 "모든 것은 지나가기 마련"이라는 사실과 "소유를 존재로" 바꿔야 한다는 사실을 이해시키기 위해서였다는 것이다. 이야! 하이데거나 달라이라마도 긴장을 늦출 수가 없다! 우리 모두 낭

떠러지를 코앞에 둔 정상에 서 있는 것이 분명하다. 이 얼마나 대담한 생각인가! 이 상상 초월의 힘을 지닌 작품 없이는 감히 누가 이 아찔한 모험에 도전할 수 있겠는가? 솔직히 나로서도 아무개 씨 정도 말고는 잘 모르겠다.

내가 금고 위에 놓인 냉장고나 폐차가 되어버린 자동차가 예술보다는 기만에 가깝다고 말하는 것이, 모더니즘의 호위 부대로부터 증오까지는 아니더라도 거만한 반응을 불러일으키게 될 것이라는 사실을 모르는 바는 아니다. 그러나 솔직히 말하자면 그런 건 아무래도 상관없다. 세간의 평가에 전전긍긍하고, 스스로 옳다고 생각해 주장하고 싶은 의견은 숨기며 자칭 엘리트들의 거만한 평가에 관심을 보일 나이는 이제 지났다. 나는 라비에가 내놓은 망가진 페라리에서 예술작품이 갖춰야 하는 네 가지 구성 요소 중 그 어느 것도 찾아볼 수 없었다. 첫째, 진정한 혁신이 전혀 없다. 이 작품에는 국가와 시장의 지지를 받는 안일한 반복만이 있을 뿐이고, 한 세기 전 뒤샹이 자전거 바퀴, 병걸이, 변기 등을 미술관에 전시했던 그때부터 시작되어 그 뒤로 작디작은 현대 미술관에서조차 지겨우리만큼 비슷하게 반복해온 것을 또다시 반복하고 있을 뿐이다. 둘째, 그 어떤 노하우도, 기술도, 재능도 찾아볼 수가 없다. 금고 위에 냉장고를 올리고, 자동차를 부수거나, 피아노에 타르 칠을 하는 것은 어떤 바보라도 할 수 있는 일이다. 여기에는 미술적 감각이 전혀 필요치 않다. 셋째, 아름다움 또한 전혀 존재하지 않는다. 오히려 부서지기 전의 페라리가 미적으로 훨씬 더 뛰어나다. 그러니 차라리 우리의 생각과 달리 국제현대미술전시회에 있는 수많은 스타 작가들 보다 이탈리아에 있는 페라리 공장 디자이너들이 진정한 예술가라고 봐야 할 것이다. 마지막으로 여기서는, 천재성까지는 바라지 않더라도, 최소한의 감각은커녕 사소한 아이디어조차 찾아볼 수 없다. 늘 따라다니는 '비영구성' '소유의 공허함' 따위의 놀라울 만큼 진부한 주제들만이 남아 있다.

이처럼 발톱 끝까지 자본주의적인 '슘페터식' 예술, 즉 교활하고 비열하게 예측 가능한 시장의 흐름만을 신봉하는 이 거짓 문화에서 인상적인 것이라고는 오로지 가격뿐이다. 그나마 이 가격도 황금 송아지를 숭배하는 이들에게와는 달리 내게는 열렬한 환호의 대상이 되지 않는다. 에두아르 마네, 모리스 라벨, 폴 베를렌의 작품들은 발표 당시 잘 팔리지도 않았고 파는 사람조차 없었다. 그렇다고 이들의 작품이 부서진 고물차보다 흥미를 유발할 수 있는 의미, 독창성, 아름다움 등을 덜 지니고 있다는 것을 의미하지는 않는다.

그나마 다행인 것은 오늘날의 예술이 이런 종류의 촌극에만 국한되어 있지 않다는 사실이다. 현대 예술은 다양한 측면을 지니고 있으며, 예술을 그저 투자 대상으로밖에 보지 않는 투자자와 속물주의자들의 작은 모임 바깥에서는 이런 허튼소리가 그 누구의 관심도 더 이상 끌지 않을 거라고 확신한다. 벌거벗은 왕도 이제는 다시 옷을 입으러 가야 할 시간이다. 물론 다시 상세히 이야기하겠지만 도입부만이라도 언급해보자면, 오늘날의 예술은 다행히도 '현대 예술'이라는 거창한 이름의 무언가, 즉 마치 모더니즘이 이 세상의 유일한 사조이고 국제현대미술전시회가 제시하는 조건들을 무조건 감내해야만 '예술가'로서 인정받을 수 있다고 우기는 그 무언가와 전부 뒤섞여 있는 것은 아니다. 진정한 창작자는 이미 수천 번도 더 모방된 다다이즘이나 뒤샹을 반복하지 않는다. 물론 끊임없이 혁신을 위한 노력은 하되, 조롱과 무의미라는 질서를 따르지는 않는 것이다. 이들은 계속해서 새로운 의미, 새로운 미적 형태(그렇다, 나는 아름다움에 집착하는 경향이 있다)를 추구하고 있다. 혁신을 위한 혁신, 단절을 위한 단절과 같은 전위적 논리들은 이제 전혀 새로울 것이 없어 오히려 전통이 되어버렸으며, 진정으로 예술을 사랑하는 이들, 실제 문화와 문화 관련 부처의 행태를 구분할 수 있는 이들에게는 불쾌하게만 여겨지게 되었다. 이 문화라는 것이 대개 한편에서는 무료급식이나 다를 바 없는 대중문화 산업이 펼쳐 지고, 다른 한편에서는 '고급문화'를 구현할 수 있다고 인정받으 려 안간힘을 쓰는 전위주의 예술만이 펼쳐지고 있기 때문이다.

보통 현대 미술의 이상 현상을 비판하는 사람들에게는 "19세 기에 머물러 있다"거나 오늘날의 예술을 전혀 "이해하지 못하 고 있다"는 비방이 쏟아지기 마련이다. 마치―이 또한 꺾어버 려야만 하는 터무니없는 생각인데―취향에 대한 판단이 지성 과 지식에 의한 것이며, 라벨의 협주곡이나 스트라빈스키의 작 품을 좋아하기 위해서는(참고로 이 두 사람은 그야말로 현대 예술 의 아름다움을 보여주는 대표적인 음악가들이다) 최소한 화성학을 공부했어야 하는 것처럼 말이다. 그러나 나는 내가 앞서 비판했 던 작품들을 기괴하다고 보는 만큼, 반대로 진짜 예술가들, 즉 프랜시스 베이컨, 안젤름 키퍼, 제라르 가루스트, 그리고 리 슈 발리에(이 작가의 홈페이지는 꼭 방문해보기를 권한다)를 비롯한 여 러 중국 화가에 대해서는 찬사를 아끼지 않는다. 이들은 우스 꽝스러운 광대들과 달리 혁신을 위한 혁신, 단절을 위한 단절과 같은 이미 닳아빠진 논리를 그 어떤 위험도, 재능도, 아이디어 도 없이 반복하는 것은 하나의 작품을 창작해내기에 충분치 않다는 사실을 잘 이해하고 있다.

어떻게 이러한 상황에 이르렀을까

하지만 폐차가 된 페라리를 보고, 신차보다 훨씬 더 많은 돈을 기꺼이 지불할 만큼 감탄하게 되는지, 아니면 모더니즘의 파멸을 불러올 만큼 이해할 수 없고 어리석다고 여기게 되는지는 그다지 중요하지 않다. 어쨌거나 누구에게나 각자의 취향이 있는 법이며, 특히 예술 분야에 있어서만큼은 이것이 분명히 적용되어야 하기 때문이다. 따라서 나는 독자들에게 잠시나마 비난과 가치 판단을 멈추기를 제안하는 바이다. 내가 금고 위에 놓인 냉장고를 좋아하든, 보르도 현대 미술관에 전시된 석탄더미를 좋아하든, 타르 칠을 한 피아노나 잔뜩 찌그러진 폐차를 좋아하든, 모두 인정해주도록 하자. 나도 애호가의 입장에서 생각하려고 한다. 물론 현대 예술 전체의 애호가가 아닌(나도 일부 현대 예술은 원래 좋아하므로), 앞서 말한 현대적 작품들의 애호가 말이다.

이제는 적어도 우리의 갈등에 대해서는 서로를 인정하고, 어떻게 이러한 상황에 이르게 되었는지를 이해하기 위해 함께 노력해야 한다. 즉, 부르주아들에게는 천문학적인 돈을 내놓을 정도로 열광할 만한 대상이, 평생 페라리 한 대를 가져보는 것이 소원이고 일부러 그것을 망가뜨리며 즐거워하는 사람들이 있다는 데에 분개하는 평범한 사람들에게는 왜 그토록 부조리하게 다가오는 것일까? 야스미나 레자의 희곡 「예술Art」이나 영화 「언터처블」에 나온 장면처럼, 두 명의 친구가 하나의 하얀 모노크롬화 앞에 서서 한 명은 감탄해 마지않는 반면 다른 한 명은 형편없는 사기라고 말해 서로 다투게 되는 상황은 대체 어떻게 만들어지는 것일까?

칸딘스키의 삼각형

∧

　이러한 이상 현상을 이해하기 위한 가장 중요한 열쇠는, 추상
미술의 시초이자 현대 예술에 대한 가장 뛰어난 이론가 중 한
사람인 바실리 칸딘스키가 20세기 초에 펴낸『예술에서의 정신
적인 것에 대하여Du spirituel dans l'art et dans la peinture en particulier』
에서 찾아볼 수 있을 것이다.

　그는 예술적 삶의 위대한 순간들을 설명하면서 한 가지 비유
법을 사용하는데, 이는 그의 의도와 상관없이 파괴적 혁신이라
는 자본주의적 논리를 아주 잘 그려내고 있어 분명 슘페터도 만
족스럽게 여겼을 법한 비유가 아닐 수 없다. 칸딘스키는 예술사
를 하나의 거대한 삼각형으로 비유했다. 이 삼각형은 시간이 지

남에 따라 점차 위로 상승하고, 이 때문에 삼각형의 정점 부분에 위치해 있던 것들은 시간이 지나면 삼각형의 가장 아래쪽에 위치하게 된다. 이 정점은 유일무이한 존재들, 즉 천재들이 차지하게 되는데, 칸딘스키는 이 천재를 자유주의적 개인주의의 두 가지 특징을 띠고 있다고 규명했다. 하나는 혁신, 즉 전통을 단절할 수 있는 능력이고, 다른 하나는 고전 예술의 속박으로부터 벗어나고자 하는 의지다. 이 속박으로는 미술에서의 형태, 음악에서의 조성 등이 있으며, 우리가 과거에 해왔던 것처럼 외부적이고 객관적인 자연을 나타내는 것이 아닌, 창의성과 미래를 향해 바쳐진 자아의 '순수한 내면의 삶'을 나타내기 위해 이러한 속박에서 벗어나는 것이다.

흔히 예술의 혁신적 정의를 실제 맥락에 적용하기 위해 사진 기술의 발명이 자연을 모방하는 미술을 구닥다리로 만들어놓았다는 사례를 들곤 한다. 하지만 나는 그렇게 생각하지 않는다. 사진이 그러한 역할에 일조했을지는 몰라도, 그것이 주된 원인은 아니었기 때문이다. 조형예술에서만 형태가 해체된 것이 아니라 음악에서는 조성이 해체되고, 문학에서는 누보로망nouveau roman을 통해 서사성, 줄거리, 인물의 심리 묘사가 해체되었다는 점을 근거로 들 수 있다. 칸딘스키와 아널드 쇤베르크가 주고받은 편지 속에서도 문화계에서 일어나는 여러 혁신 가운데 이 명백한 평행선이 지속적으로 강조되고 있다. 그러므로 사진 기술의 발명이 이 음악과 문학계를 뒤흔들었다고 보기는 어렵고, 차라리 이러한 변화들이 현대 회화에서 나타난 유사한 형태의 혁신에 영향을 미쳤다고 볼 수 있을 것이다.

음악의 조성, 회화의 형태, 소설의 줄거리와 같은 요소들이 동시다발적으로 해체되었다는 사실이 보여주는 주요한 단절 현상을 이해하려면, 칸딘스키가 쇤베르크와 서로 이야기하는 내용을 잘 따라가야 할 것이다. 결국 이들이야말로 예술적 삶에 대한 발상을 가장 잘 판단해줄 최적격의 심판자 아니겠는가.

삼각형의 비유로 돌아가보자. 삼각형의 정점은 단 하나의 점만으로 이루어져 있다. 이는 곧 천재의 유일성을 상징하며, 그들이 불가피하게도 고독한 존재라는 사실을 보여준다. 이는 니체가 길게 서술한 바 있는 내용이기도 하다(예를 들면 『선악의 저편』 289번 문단). 천재는 왜 고독한가? 분명히 기억해야 할 것은, 삼각형이 시간이 지남에 따라 점차 위로 상승하기 때문에 정점에 놓이는 천재는 반드시 동시대보다 앞설 수밖에 없으며 그런 까닭에 동시대로부터 이해받을 수 없게 된다는 사실이다. 칸딘스키가 끊임없이 언급하고 있는 '전위前衛'라는 비유적 표현의 의미도 바로 이것이다. 칸딘스키에게 있어 조형예술의 절대적 천재는 피카소이고, 음악에서는 쇤베르크다. 피카소는 결정적으로 형태미술의 전통을 깨버렸고, 쇤베르크는 조성의 전통을 깼기 때문이다. 삼각형의 정점 아래에는, 칸딘스키의 표현을 빌리자면 덜 천재적이고, 덜 혁신적이며, 덜 '주관적'인 예술가들이 자리 잡게 된다. 음악에서는 클로드 드뷔시, 미술에서는 마네나 폴 세잔이 여기에 해당된다. 더 내려가서 삼각형의 가장 아래를 살펴보면 "천박하고 어리석은 대중"(여전히 칸딘스키가 한 말이다)이 위치해 있으며, 이들은 파괴적 혁신의 논리를 전혀 이해하지 못한 채 '천재적 원칙'을 조롱하기만 한다. 따라서 칸딘스키의 관점에서 볼 때 현대 예술은 대중에게는 결코 이해받을 수 없으며 결국 자연히 엘리트들의 전유물로 남게 된다.

최소한 한 시대 동안은 그렇다는 것이다.

삼각형은 계속해서 위로 올라간다. 따라서 언젠가는 삼각형의 정점에 위치했던 것들이 삼각형의 바닥 부분에 이를 것이다. 그때에는 "어리석은 대중"도 마침내 그들이 얼마나 잘못을 저질러왔는지를 알게 된다. 피카소와 쇤베르크는 더 이상 고독하지 않게 될 것이다(「정화된 밤Verklärte Nacht」의 저자는 소고小考를 통해 대중에게서 인정받지 못하는 고독에 대해 비통하게 표현하기도 했다). 예술 정신의 움직임의 전위에 있는 이들이 마침내 인정을 받게 된다는 것이다. 칸딘스키의 설명은 다음과 같다.

꼭대기가 가장 좁고 뾰족하며, 면적이 균등하지 않게 나뉘어 있는 이 거대한 삼각형은 정신적 삶을 도식적으로 아주 적절하게 보여주고 있다. 삼각형의 바닥으로 갈수록 가로, 세로, 면적이 더 크게 나타난다.

이 삼각형 전체는 알아채기 어려울 정도로 천천히 움직이며 전진, 상승하고 있다. '오늘' 정점에 있던 것이, '내일'은 정점에 가까운 아랫부분에 위치하게 된다. 달리 표현하자면, 오늘날 삼각형의 다른 부분에게는 이해할 수 없는 헛소리에 지나지 않았고 정점에 위치한 것들에게만 의미 있었던 요소들이, 내일은 삼각형의 나머지 부분들이 갖고 있는 감정과 새로운 의미를 만드는 요소가 된다.

때로는 삼각형의 정점에는 단 한 사람만이 존재하기도 한다. 그가 지닌 시선은 무한한 슬픔과 동등하다. 그와 가장 가까운 곳에 위치한 사람들도 그를 이해하지는 못한다. 그들은 정점에 있는 이를 사기꾼으로 여기며 분개하기도 한다.

따라서 움직임의 전위에는 혁신적인 천재가 자리 잡게 되고, 이들은 앞서 본 것처럼 다른 사람들로부터 이해받을 수 없다. 이들의 예술은 다음과 같은 특징을 지니고 있기 때문에 이해받지 못하는 것은 당연한 일이다.

관습적인 '아름다움'의 형태를 완전히 버리고, 이를 통해 자신의 개성을 표현할 수 있도록 하는 모든 방식을 신성하게 여긴다.

그러나 그들의 시대가 곧 찾아오기 마련이므로 큰 염려는 하지 않아도 된다.

오늘날 회화의 미술에서 나타나는 부조화는 내일의 조화 그 자체다.

여기서 자유주의적 개인주의의 두 가지 특징을 다시 찾아볼 수 있다. 한편으로는 이제 조롱의 대상이고 '쉬운 것'으로 치부되어버리는 아름다움의 구속으로부터 스스로를 벗어나게 할 정도로 전통을 파괴하려드는 혁신이 있고, 다른 한편으로는 유일무이한 개성의 표현과 낙인과도 같은 절대적 독창성, 좀더 멋지게 표현해보자면 예술가라는 조물주의 새로운 과제가 나타나는 것이다. 과거의 모방이 가장 용서받을 수 없는 잘못이지만 이해하지 않을 수 없는 죄악, 전형적인 원죄라는 사실도 여기서 기인한다.

각 시대의 문화는 결코 다시 태어나게 할 수 없는 고유의 예술을 창조해낸다. 지난 시대의 예술 원칙들을 부활시키려는 시도는 단지 사산아와 같은 작품을 만들어내게 될 뿐이다.

따라서 예술은 전통을 파괴하고 과거의 모든 것을 구닥다리로 만들어야 할 뿐 아니라, 미래를 창조하기 위해 오늘을 넘어설 수도 있어야 한다. 그 이유는 이러하다.

미래의 힘을 전혀 품지 못하고, 현시대의 산물일 뿐 '내일'을 출산하지 못하는 예술은 거세된 예술이다.

보다시피 내가 과장하고 있는 것이 아니다. 이 글들은 파괴적 혁신의 두 가지 순간―단절과 탄생―, 현대 자본주의 논리를 유례없이 분명하게 반영하는 예술이라는 개념의 두 측면을 화학적으로 순수한 상태, 있는 그대로의 모습으로 드러내 보이고 있다. 여기서 역설적이지만 예정되어 있었던 조화를 발견하게 된다. 파괴적 혁신이라는 공통의 개념 안에서 '보보스bobos'라는 형태로 부르주아와 보헤미안이 화합하게 되는 것이다.

지금부터는 이 역설적 화합이 내면적으로 지니고 있는 논리를 좀더 심층적으로 이해해보자. 이는 현대사회의 결정적인 측면들을 가장 잘 조명해줄 수 있는 만큼 가치있는 분석이 될 것이다. 더 분명하게 윤곽을 잡으려면, 20세기는 오로지 파괴적 혁신의 개념을 통해서만 이해할 수 있는 크로스오버의 장이었다는 사실을 살펴봐야 할 것이다. 크로스오버된 한쪽에는 보헤미안이 위치해 있다. 이들은 처음에는 부르주아 세계를 증오하는 듯했으나, 개개인의 생애 말년에는 부르주아들과 화합을 이루어 돈과 명성, 영예가 가져다주는 기쁨을 발견하고 만끽하며 살아갔다. 다른 한쪽에는 자본가들이 있는데, 이들은 원칙적으로 자신의 영리활동을 지연시킬 위험이 있는 요소는 모두 혐오하고 따라서 과거 좌파의 국가사회주의 논리에도 반대해왔다. 그런데 예술가들이 적어도 말년에 돌변하기 전까지는 반자본주의적 성향을 보여왔음에도 불구하고, 자본가들이 이러한 예술가들을 점점 더 지지하고 인정하기 시작한 것이다. 마치 마지막에는 비즈니스, 보험, 광고, 영화, 경제인연합회MEDEF로 들어가 요직을 맡았던 68혁명의 주역들처럼, 낭만파 보헤미안들도 결국은 계속해서 명예를 열망하게 되었으며 '성공'을 거두면서 돈, 명성, 인기를 얻기 위해 갖은 힘을 쓰기 시작했고, 심지어는 말만으로도 충격적인 사실이지만, 그들이 젊은 시절 조롱해 마지않았던 아카데미 프랑세즈Académie française에 뒤늦게 들어가려고 애를 쓰게 되었다. 왜 그렇게 된 것일까? 또 정반대편에서 이와 대치되는 모습을 보여주고 있는 부르주아들의 열정은 또 어떻게 이해할 수 있을까? 호화로운 사무실과 금으로 번쩍이는 아파트에 둘러싸인 기업가와 은행가들이, 절박한 꿈이라고는 하루 빨리 다락방에서 나와 궁핍한 삶으로부터 벗어나는 것뿐인 보헤미안들과 어떻게든 어울리고 싶어하는 이유가 무엇이란 말인가?

조금 더 가까이에서 살펴보도록 하자.

보헤미안의 부르주아화

∧

　역설적이지만 매우 분명하게 나타나는 이 크로스오버 현상을 설명하기 위해서는 1830~1900년 파리 보헤미안의 독특한 역사를 잠깐 살펴보는 게 좋겠다.

　우리는 여기서 모더니즘이 20세기 들어 어떻게 변화하게 되는지를 태초의 순수함을 가지고 살펴볼 수 있으며, 앙리 뮈르제Henry Murger가 말한 것처럼 보헤미안이 어떻게 많은 점에서 "아카데미의 서두"가 되었는지를 살펴볼 수도 있다. 나는 이 상상을 초월하는 모험을 위해 책 한 권을 따로 할애하기도 했다. 용기 있는 독자들은 그 책으로 떠나보내고 싶지만, 시간이 넉넉지 않은 독자들을 위해 여기서 우리가 다루고자 하는 주제와 직접적으로 관련된 부분들만 다시 언급하고자 한다.

우선 1830~1900년으로 한정한 이유가 무엇인가? 왜 꼭 이 구체적인 두 시점으로 '진정한' 보헤미안들을 한정지어야 할까? 이 시기 이후인 20세기에도 보헤미안은 계속 이어져왔고(몽마르트의 '세탁선'이야말로 파리 보헤미안의 원형적 예가 아닌가?), 그 이전인 18세기에도 펠포르 후작의 소설 『보헤미안Les Bohé-miens』이 있으며, 나아가 17세기에도 탈르망 데 레오의 『일화집Histoirettes』에서 보헤미안이라는 단어가 분명히 언급되고 있음을 확인할 수 있는데도 말이다.

이 놀라운 시기의 저명한 작가 중 한 명인 테오필 고티에의 말처럼, 1830년은 보헤미안들이 '카마라드리camaraderies'라 불리는 작은 모임들을 구성하던 시기였으며, 그들에게 영향을 주었던 낭만파의 성격이 변화하기 시작한 시기이기도 했다. 샤토브리앙을 버리고 빅토르 위고를 선택한 이들은 가톨릭·민족주의·반혁명주의·반동주의를 모두 버리고 공화주의, 나아가 '절대자유주의'를 갖춘 '모더니스트'가 되기로 선택했다. 1830년대 초에 제라르 드 네르발, 고티에, 그리고 '오드Odes'라 불리는 송시頌詩를 쓰던 젊은 후계자들과 함께 초기 낭만파 보헤미안을 구성했던 창시자 중 한 명인 페트뤼스 보렐은 스스로를 '바질레

오파주_{basiléophage}', 즉 '왕을 먹는 자'라고 칭했다. 심지어 그는 루이 필리프 왕 시대 부르주아들의 문명사회와는 아주 거리가 먼 '카리브족'의 사회를 추구하기도 했다. 이 보헤미안들은 위고에게 경의를 표하는 의미로 '프티 세나클_{Petit Cénacle}'이라는 모임을 결성했는데, 곧 그 이름을 '두아예네의 보헤미안_{Bohème du Doyenné}'으로 바꾸었다. 이는 긴 수염과 장발의 젊은이들이 수염도 없는 대머리의 프랑세즈 아카데미 회원들을 극렬히 비판하기 위해 모이던 곳인 '두아예네' 거리의 이름을 딴 것이었다. 이들은 낡은 습관들과 '부르주아적 가치'를 모두 뛰어넘어, 매혹적인 전대미문의 세상을 만들어야 한다고 주장했다.

절대적인 것은 아니지만 여기서 프랑스가 지닌 매우 놀라운 특징 중 하나를 찾아볼 수 있다. 1830~1900년 낭만파 보헤미안들은 미래, 기쁨, 유머, 명랑 등의 경향을 분명히 보여주었다. 즉, 독일과 같은 다른 국가에서 초기 낭만파가 흔히 보여줬던 페이소스를 자아내는 향수가 없었다. 독일 낭만파는 흔히 프랑스 혁명, 계몽주의, 더 넓게는 현대 산업사회의 탄생에 대해 적대적인 반응으로서 나타난 운동으로 해석되곤 했지만, 19세기 프랑스 사회에 지울 수 없는 흔적을 남긴 낭만파 보헤미안들의 모습은 정반대였다.

그렇다면 왜 1900년인가?

바로 이 시기에 낭만파 보헤미안의 마지막 모임인 '앵코에렁In-
cohérents'이 마지막 불꽃을 태웠기 때문이다. 낭만파 보헤미안
은 이제 20세기 다다이즘이나 피카소를 비롯한 몽마르트파, 앙
드레 브르통의 초현실주의, 기 드보르의 상황주의에 그 자리를
내주었다. 보헤미안들은 이제 더 이상 유머러스하거나 낭만적이
지 않게 되었고, 대신 정치적이고 전투적인 태도를 지니며 나아
가 공화당에 가입하기 시작했다. 이들은 세상을 매혹하고 삶을
아름답게 하는 것에만 거의 유일한 궁극적인 존재 목적을 두고
있는 유쾌한 낙천가가 아닌, 프롤레타리아 혁명으로 가장 조명
을 받은 전위로 여겨졌다. 이처럼 다소 우울해진 '참여예술가'
의 모습은 1900년대에 들어서면서부터 '댄디'나 '장난꾸러기'
의 모습을 점차 대체하기 시작했다. 1830년 앙리 모니에의 극
에 등장하는 어설픈 시골뜨기 '프뤼돔 씨'처럼 스스로에게 만족
하는 어리석은 19세기 부르주아들은 조롱하며 즐거워했던 이전
의 모습과는 달랐다.

공화당 소속인 트리스탄 차라, 피카소, 브르통과 함께 반부르
주아적 측면은 점점 그 의미를 잃어갔다. '배척받는' 예술가들
의 낭만주의적 특징이었던 반부르주아주의가, 좀더 보수적인

'행동파' 예술가들로 그 모습이 바뀐 것이다. 그 결과, 이 세대 전체가 덫에 빠지고 말았다. 이제는 그 어디에도 나설 수 없게 되었으며, 앞으로 살펴보겠지만, 현대 예술의 '모든 것'을 만들어냈음에도 불구하고 차라리 잊히고 언급되지 않는 편이 낫게 되었다. 그들을 하나로 묶어 나타낼 수 있도록 하는 '계급의식'을 너무 빨리 잃어버린 것이다. 차라와 브르통은 이들에 대해 최대한의 호의를 베풀어 '소小낭만파'라고 이름 붙이며 경의를 표했으나, 이는 사실상 이들을 매장하는 것이나 다름없었다.

빅토르 위고는 1830년 '에르나니Hernani 논쟁'과 함께 고전파에 대항하는 현대파에 속하게 되었다. 스스로 왕당파이자 과격파, 샤를 10세의 측근의 위치에 있었던 위고는 낭만파 공화주의 보헤미안을 대표하는 일종의 선봉이 되었다. 테오필 고티에, 제라르 드 네르발, 페트뤼스 보렐 등은 모두 그의 후계자로, 이들은 '빌랭봉좀므Vilains Bonshommes' '쥐티스트Zutistes' 등의 여러 보헤미안 그룹에 연이어 소속되었던 아르튀르 랭보의 말처럼 "진정한 삶은 이곳에 없다"는 동일한 신념에 사로잡힌 여러 젊은이와 손을 잡고 특징적인 초기 보헤미안을 확고히 구축했다. 1849년 출판되고 이후 연극으로, 또 푸치니의 오페라로 각색되어 성공을 거둔 앙리 뮈르제의 소설 『보헤미안 삶의 정경』에서 그려지고 있는 보헤미안들의 모습도 이들의 것이다.

이처럼 1830년부터 1900년은 파리 보헤미안들이 1968년에 반복될 '퓨미즘fumisme[장난스러움, 불성실]'이라는 절대자유주의 정신을 따라 작은 그룹들을 형성한 시기이기도 하다. 이들은 두 가지 결정적인 특징을 가지고 있었는데, 하나는 일상생활의 권태 및 진부함과 거리를 두기 위한 '유머'이고, 다른 하나는 부르주아적 가치들 및 전통적 권력과의 '단절'이었다. 이렇게 라탱 지구, 몽파르나스, 몽마르트에서 만개한 일군의 시 모임이 생겨나기 시작했다. '뷔뵈르도Buveurs d'eau[물 마시는 사람들]' '쥐티스트[천하태평]' '빌랭봉좀프[추한 호인들]'부터 '이드로파트Hydropathes[물치료사들]' '이르쉬트Hirsutes[털보들]' '죄느–프랑스Jeune–France[젊은 프랑스]' '비방Vivants[낙천가들]' '브뤼탈리스트Brutalistes[거친 자들]' '주멍푸티스트Jemenfoutistes[무사안일주의자들]' '앵코에렁[비일관성]' 등에 이르기까지 수십 개의 모임이 생겨난다. 특히 앵코에렁의 성공은 무서울 정도였다. 이들의 가장무도회나 전시회가 열리는 날에는 '투파리Tout–Paris'라 불리던 파리의 수많은 명사가 밀려들었고, '부르주아를 까무러치게 만들기'라는 목적을 가지고 만들어진 부조리한 물건들을 보기 위해 찾아온 관중이 거리를 가득 메울 정도였다. 부조리한 물건으로는 대머리를 위한 빗, 벽에 붙은 그네 등이 있었으며, 사페크Sapeck와 함께 퓨미즘의 창시자로 손꼽히는 괴짜 알퐁스 알레Alphonse Allais가 만든 「소심한 물고기들을 위한 반투명 유리 수조」 같은 것이 있었다. 젊은 예술가들이 현대 예술의 기교를 만들어냈던 것도 이때다. 콜라주, 레디메이드, 모노크롬화─최초의 모노크롬화는 1882년 폴 빌로Paul Bilhaud가 그린 「밤중 지하실에서 싸우는 흑인들」이며, 알퐁스 알레의 유명한 작품 「홍해 연안에서 토마토를 수확하는 중풍 걸린 추기경들」이 그 뒤를 이었다─등의 기교가 생겨났고, 심지어는 소리 없는 공연까지 나타났다(공연에서 연주된 곡들이 '귀머거리 위인을 위한' 것이며, '가장 큰 고통은 소리가 없기 때문'이라는 것이다!).

결국 카지미르 말레비치, 존 케이지, 이브 클랭이 이런 형식의 예술을 발명한 것은 아닌 셈이다. 보헤미안의 예술은 공화당PCF에 가입하며 초기 보헤미안에 종지부를 찍는 예술가들이 등장하기 이전에는, 그 어떤 형이상학적·정치적 요구도 없이 그저 즐거움과 유머를 통해서만 만들어졌던 것이다. 트리스탕 차라는 부쟁고Bouzingots─초기 보헤미안들을 가리키는 표현이었다─에 대한 글을 썼고, 브르통은 그들에 대한 존경의 의미를 담아 블랙유머선집을 펴내기도 했다. 하지만 내가 앞서 말한 것처럼, 이것은 그저 그들을 매장하고 전향시켜, 마치 자신들이 하고 있는 참여활동의 선구자인 양 보이도록 만들기 위한 것이었다. 요컨대 그 젊은 보헤미안들은 사실 노동계급 투쟁의 전당에 이름을 올리기에는 너무 진지하지 않았던 것이다. 이브 클랭은 그들로부터 모노크롬화나 전시작 없는 전시회와 같은 아이디어들을 빌려오면서, 이것을 이제는 현대 예술과 불가분의 관계가 된 어리석은 거짓 철학 사유들을 꾸미는 지극히 형이상학적이고 정치적인 수단으로 만들어냈다. "모든 새를 죽여야 한다"와 같은 말들, 즉 파리 속물주의의 끝없는 어리석음이 천재적인 것으로 여겨지게 된 것이다.

그런데 초기 낭만파 보헤미안의 운명이 충격적인 이유는 바로 대부분이 말년에는 실망스러운 부르주아의 모습이 되었기 때문이다. 이를테면 '라르스날 파티'의 창시자이자 낭만파의 첫 삽을 떴던 샤를 노디에와 빅토르 위고의 약력은 아카데미 프랑세즈에서의 활동으로 끝맺게 된다. 그나마 노디에는 초기 저서에서 아카데미 프랑세즈에 대한 비판에 심한 표현들을 쓰지는 않았다. ─여기서 그 내용을 언급하진 않겠지만 원한다면 보헤미안에 대해 쓴 나의 다른 책들을 참고해봐도 좋을 것이다. ─ 알렉상드르 뒤마는 노디에가 아카데미 프랑세즈에 들어가던 때의 기억에 대해 짧지만 강력한 글을 남기기도 했다. 뒤마가 위고와 함께 길을 걷던 중 그들의 오랜 친구인 노디에를 만나게 되었다는 내용이었다.

> 어느 날 우리는 겸허와 당황, 수치로 가득한 그의 모습을 발견했다. 『보헤미안 왕과 그의 일곱 성 이야기』를 쓴 그는 막 아카데미 프랑세즈의 회원 명부에 이름을 올리고 오는 길이었다. 그는 우리, 즉 위고와 나에게 아주 조심스레 변명을 늘어놓았다. 우리는 그를 용서했다. 그리고 시간이 지나 위고 역시 다섯 번의 실패 끝에 아카데미 프랑세즈 회원으로 이름을 올리게 되었다. 위고는 내게 변명을 하지 않았는데, 바른 선택이었다. 그에 대해서는 나도 전혀 용서하지 않았을 것이기 때문이다.

물론 노디에와 위고의 실력은 달랐지만, 어쨌든 이러한 변증법적인 운명, 보헤미안과 그 반대편이 역전되는 것은 이례적인 일이 아닌, 사실은 거의 규칙과도 같은 일이었다. 퓨미즘의 주역이었던 사페크는 말년에 군수직을 맡았고, 무정부주의자이자 반란가였던 페트뤼스 보렐은 결국 뷔조Bugeaud 사령관의 엄호

하에 식민지화 감독관 역할을 했다. 고티에는 국가의 연금을 받아가며 마틸드 공주의 도서관에서 도서관장으로 일했고, 시집 『부랑자의 노래La Chanson des gueux』를 발표한 뒤 그 신랄한 내용 때문에 몇 주간 징역을 살아야 하기도 했던 장 리슈팽은 아카데미 프랑세즈를 향해 곧장 달려갔다. 이 모든 일은 1968년 5월 혁명을 경험했던 우리에게 몇 가지 사례를 떠올리게 한다. 68혁명 세대라면 혁명적 공산주의자 동맹Ligue communiste révolutionnaire 에 속했던 이들이 상원의원 자리에 올랐고, 마오쩌둥주의자였던 이들이 감독총국에 소속되었으며, 돈과 권력을 거머쥐는 자리, 즉 영화, 광고, 언론, 보험 등의 분야와 경제인연합회, 대중운동연합당UMP 등에서 성공을 거머쥐었다는 사실을 알고 있다. 사례야 얼마든지 많지만 이쯤에서 멈추도록 하겠다.

그런데 우리가 이런 사실을 처음 알고 떠올리게 되는 감정과는 반대로, 이는 배반이라기보다는 논리적 진화의 결과에 가깝다. '뷔뵈르도' 소속이었던 뮈르제는 이미 이 특이한 급변의 의미를 완벽히 이해하고, 그것을 『보헤미안의 삶의 정경』에서 그려내 오랜 보헤미안 동료들의 심한 적대감을 불러일으키기도 했다. 그는 보헤미안을 세 부류로 나누었는데, 하나는 그 숫자가 가장 많은 '무명 보헤미안'으로 뮈르제는 이들에 대해 "길이 아닌 막다른 길"이라고 냉혹하게 평가하기도 했다. 둘째는 '애호가들의 보헤미안'으로, 가장 비열하고 치사하며 겁에 사로잡혀 틈새만을 노리는 프티부르주아라고 설명했다. 마지막은 '진짜 보헤미안'으로, 유일한 정통 보헤미안이지만, 뮈르제는 이들도 사실상 성공, 사회적 출세, 명예를 지향하는 쪽으로 변하고 있다고 덧붙였다.

그리고 이와 같은 변화의 대칭점에서 천한 이들과 어울리려는 부르주아들의 움직임이 나타나기 시작했다.

부르주아의 보헤미안화

∧

대략만 살펴봐도 분명한 사실이고 그만큼 기이하기만 한 이 크로스오버에 대한 이해를 돕기 위해, 2000년대의 전형적인 우파 인물 한 사람을 상상 속에 등장시켜보자. 이 사람은 한 기업의 대표이고, 제법 나이가 든, 적어도 20세기 예술과 사회 풍속에서 커다란 전환점이 되었던 대대적인 전통 해체 이전의 프랑스를 경험한 적이 있을 만큼의 나이다. 즉, 뿌리로부터의 영구적인 단절을 원동력으로 삼는, 파괴적 혁신이 전방위적으로 발전되기 이전 사회를 경험한 인물인 것이다. 기업의 대표인 만큼 그는 분명 우파일 것이다. 좌파 사상을 가진 대표도 있다고 반박할 사람이 있을 것이다. 그럴 수도 있다. 다만 마치 헤엄치지 않고 날아다니는 물고기가 있듯이 좌파 대표도 있기야 있겠지만 주류는 아니다. 아무튼 내가 그린 인물은 확실히 이윤, 시장, 업무 및 임금의 상하관계는 물론 세계화, 혁신, 유연성 등에 대해 긍정적으로 생각하고 있을 것이다. 그러니 우파 인물인 것이 당연하다.

그는 지난 2002년 대선에서 우파 진영의 자크 시라크에게 표를 던졌을 것이다. 하지만 이내 그는 이 선택을 후회했다. 그가 택한 대통령, 즉 권력 쟁취에는 천부적인 실력을 보였던 그가 그 권력을 행사하는 곳에서는 아무것도 제대로 하지 못했기 때문이다. 결국 기업에 가해지는 부담은 계속해서 늘어만 갔고, 국가 부채나 재정 적자도 심각해져갔다. 고맙소, 우파여! 게다가 학생 시위대가 세 명만 모여도 정부는 지레 겁을 먹고 뒷걸음질을 쳤다. 나도 그때 있어봐서 아주 잘 알고 있다. 만약 뒷걸음질 세계대회가 있다면 시라크 대통령은 분명 쉽게 챔피언 타이틀을 거머쥐었을 것이다.

이에 우리 회장님은 마음 깊이 정치인들에 대한 실망감을 갖게 되었다.

이제는 무대를 바꿔 그의 사생활을 살펴보자. 여기라고 상황이 더 나은 것은 아니었다. 예를 들어 다음의 상황들을 상상해보자. 그의 딸이 8~9세쯤 된 손자의 생일 축하를 위해 반 친구들을 집으로 초대했다(그에게는 아주 불행한 일이 아닐 수 없다). 그는 자신의 좋은 아파트에 한 무리의 꼬마 야만인들이 몰아닥치는 것을 보았고, 그는 단순히 이들이 자신에게 '할아버지, 안녕하세요'라고 제대로 말하지 않는다는 사실에 경악을 느꼈다. '할아버지'는커녕 '안녕하세요'조차 없었기 때문이다. '할아버지'라는 존칭은 차치하더라도, '감사합니다'라는 인사조차 꿈꿀 수 없었다! 인간 혐오자가 되어버린 그는 이 꼬맹이들이 집으로 돌아가면서도 '안녕히 계세요'라고 제대로 인사할 리 없다고 거의 확신하게 되었다. 이 아이들과 문학, 예술사, 아니면 백번 양보해서 영화에 대해서라도 이야기할 위험에 빠지게 된다면 그것은 실로 사막 체험과 같은 일이 아닐 수 없을 것이다! 만에 하나 편지라도 쓴다면―다행히 그럴 가능성은 눈곱만큼도 없지만―틀린 맞춤법과 오자가 가득한 편지가 될 것이다. 결국 우리 회장님은 '모든 것은 헛되다'는 것을, 이 사회가 몰락을 맞게 될 위기에 처했다는 것을, 그리고 천성적으로 용기란 것을 결여한 정치인들이 이 상황을 회복시키는 주체가 될 수는 없을 것임을 알게 되었다.

내가 아주 약간 과장을 하기는 했지만, 솔직히 이 판단은 전혀 틀린 것이 아니다. 이는 그가 늘 그렇듯 돌려 말하지 않은, 있는 그대로의 날것이며 동시에 꽤나 올바른 판단인 것이다. 특히 예절이나 고전 문화와 관련해서는 정말 개선이 없는 것이 사실이다.

그와 마찬가지로 우파 공화당에 속해 있는 나는(우리는 어쨌든 같은 진영에 표를 던졌다) 친애하는 마음을 담아, 이러한 상황의 진정한 책임은 그에게, 오로지 그에게만 있다고 말해주고 싶다. 비판을 받아야 할 대상은 다른 누구도 아닌 그 자신이라는 것이다. 이번만큼은 이러한 몰락의 책임을 좌파에게 물을 수 없으며, 결국은 그를 비롯한 기업 대표들에게 잘못을 물어야 한다. 왜 그럴까? 바로 그들이 수십 년 전부터 파괴적 혁신이 불러일으킬 결과에 대해서는 전혀 예측하지도 이해하지도 못한 채 이 논리를 적용하는 데 전력을 쏟아왔기 때문이다. 이를테면 우리 회장님의 기업을 휴대전화와 비디오 게임 회사라고 상상해보자. 그가 오래전부터 품어온 단 하나의 목표는 바로 이 세상의 아이들이 소비자, 가능하면 중독자, 즉 디지털에 중독된 소비자가 되는 것이었다. 물론 그렇다고 해서 그를 비난할 수는 없다. 이것이 그의 직업이고, 국민의 소비가 늘어나지 않는다면 이 기업은 분명 파산에 이르고 말 것이기 때문이다.

그런데 분자나 박테리아를 관찰하듯이 개념이나 관념을 상세히 살펴볼 수 있도록 하는 특수한 현미경이 있다면, 이 현미경을 통해 실험실, 즉 화학적으로 순수한 상태에서 이 상황을 살펴볼 때 한 가지를 확인할 수 있게 될 것이다. 바로 소비와 중독이 완벽하게 닮아 있다는 사실이다. 이 두 가지는 근본적으로 동일한 유전자 구조와 특성들을 지니고 있다. 마약중독이란 무엇인가? 마약 투여량을 멈추지 못하고 계속 늘리며, 늘 약을 필요로 하고, 그 결과 심하면 죽음에까지 이르는 경우를 가리킨다. 그런데 우리 회장님이 생각하는 이상적인 고객의 정의가 마약중독자의 정의와 완전히 일치한다. 더 자주, 더 많이 구매하는 고객을 원하기 때문이다.

따라서 아이들을 더 빨리 이러한 고객으로 키워내기 위해서는 이들을 결핍의 논리에 던져넣어야 할 필요가 있다. 그렇다면 어떻게 하면 될까? 핵심은 다음의 두 가지다.

첫째, 대규모 광고활동을 벌이는 것이다. 되도록 어린아이 전용 텔레비전 채널이면 좋다. 우리 회장님도 개인적으로는 광고 메시지가 형편없다고 생각할지라도 어쨌든 그 규모는 최대로 늘렸을 것이다. 둘째는 우리가 지금까지 봐온 바로 그것, 즉 전통적 가치를 최대한 철저하게 파괴하는 것이다. 왜 그런가? 앞서 살펴봤듯이 이유는 간단하다. 내면적으로 풍요로운 삶을 영위하고 있을수록, 도덕뿐만 아니라 문화적·정신적으로 안정적이고 튼튼한 가치체계를 확립하고 있을수록, 끊임없이 소비해야 할 것만 같은 일종의 필요성으로부터 벗어날 수 있기 때문이다. 반대로, 전통적 가치들을 잃을수록 중독에 쉽게 빠지며, 결국은 저항조차 없이 소비 논리에 몸을 맡기게 되는 것이다.

결국 우리 회장님은 고민 끝에 혁명적 예술가들, 보헤미안, 즉 그에 따르면 모든 교육, 예절, 맞춤법 따위를 파괴하는 주범인 '좌파 인간들'이 어쨌든 그에게 쓸모가 있을 수 있다는 사실을 막연하게나마 이해하기 시작했다. 다른 측면, 특히 소비의 측면에서는 그들이 이루어놓은 가치 파괴 덕분에 자신의 회사가 굴러가고 있는 것 아닌가? 그는 결국 약간의 고심 끝에 현대 예술작품을 파는 화랑으로 달려가게 된다.

결국 그가 세계화에 적응하기 위해 힘겹게 터득하게 된 이 보편적인 변증법과 관련해 여전히 친애하는 마음을 담아 전해주고 싶은 말은 이것이다. "두 마리 토끼를 다 잡을 수는 없다!" 나는 이 격언을 아주 좋아하는데, 프랑스어로는 "버터와, 버터를 살 돈과, 버터 파는 사람의 미소를 전부 가질 수는 없다"고 하는 것처럼 거의 모든 언어에 이에 상응하는 속담이 있고, 그

안에는 각각의 민족정신Volksgeist이 들어 있기 때문이다. 어쨌든 예의 바르고 교양 있는 잘 자란 아이들과, 그가 끝없이 만들어내고 싶어하는 산만하고 소비를 하는 아이들을 모두 가질 수는 없다는 것이다. 이러한 개념들이 같은 뇌 속에 공존할 수는 없다. 달리 말하자면, 다음과 같은 정신분열이 오게 된다. 그는 노인으로서 보수주의자이고 나아가 극단적인 투쟁적 반동주의자로, 우파 정치인들이 '근본적인 것', 훌륭한 과거의 양식들에 권위를 부여하는 것에 박수를 보내는 자다. 하지만 한 기업의 회장으로서는 고삐라도 풀린 듯한 열렬한 모더니스트로, 일자리에서 전위적인 취향을 한껏 드러낼 뿐 아니라, 주위 사람들에게도 늘 깨어서 구습을 타파하고 우리가 안주해 있는 전통들을 끊어내야 하며, 쉬지 않고 발명과 혁신을 거듭하는 자만이 살아갈 자격이 있다는 말을 끊임없이 되풀이하게 되는 것이다! 그러나 다시 한번 말하지만, "두 마리 토끼를 다 잡을 수는 없다". 이탈리아식으로 말하자면, "차에 기름도 채우고 마누라도 취하게 할 수는 없다!"

마치 피카소나 뒤샹이 된 것처럼, 우리의 부르주아는 이제 기존의 것들을 백지로 돌리고 급진적인 혁신을 시작하게 된다. '벤치마킹'이라는 이름 하에 회사는 끝없는 혁신을 한다. 이는 마르크스와 슘페터 둘 다에게 완벽한 근거가 된다. 자본주의는 그야말로 영구적인 혁명이며 끊임없는 파괴적 혁신인 것이다.

이처럼 자유주의 세계화는 유일무이한 변신의 장으로 나타난다. 그 중심에는 부르주아화된 보헤미안, 혁명가가 된 보수주의자, 보헤미안이 된 부르주아들이 있다. 부르주아는 이제 전통을 끊임없이 파괴하려는 자가 되었다. 그러면서 다른 한편으로는 전통의 파괴를 유감스러워한다. 그의 오른손은 왼손이 하는 일을 알지 못하고 있다. 자신이 주동자라는 사실은 깨닫지 못한 채, 때로는 치명적인 몰락으로, 때로는 성공의 약속으로 나타나는 이 상황의 내막을 전혀 이해하지 못하고 있는 것이다.

예술의 미래

∧

헤겔의 개념인 '불행한 의식unhappy consciousness'처럼, 우리는 역사 속에서 사라지고 죽어가는 것에만 초점을 맞출 뿐, 살아나고 생존하는 것에는 별다른 의식을 하지 않는 경향이 있다. 우리의 부정적 사유에 날개를 달아주는 강력한 비관주의적 성향이 바로 여기서 나온다. 겉으로 보기에 약간은 바보 같기도 한 낙관주의와는 달리, 비관주의의 경우 이것이 주장하는 사람의 지성에 따른 것이라고 추정하게 된다. 바로 여기서부터 시대의 병폐가 시작되는 것이다.

비관적인 구대륙의 운명에 대해 이야기하는 글은 셀 수 없을 정도로 많다. 아르투어 쇼펜하우어, 에밀 시오랑, 그리고 당연하지만 필리프 뮈레에 이르기까지 이들은 이미 쇠퇴하는 유럽, 몰락하는 서구사회, 벗어나려는 국민, 자유경제주의의 공포, 자본주의의 실패 등에 대해 길디긴 글들을 발표했다. 결국은 과거 찬양론자들이 늘 하는 말처럼 "옛날이 더 좋았지!"라는 것이다.

이들에 따르면 오늘날 비관주의의 바탕이 되는 지식과 도덕이 어디에서 나오는지는 쉽게 이해할 수 있다. 새로운 세대가 시작되는 시점에서 내가 기꺼이 양보하는 것은, 공동체적, 폭력적, 대대적인 희생이라는 과거의 전통적 동기가 이제는 사라졌다는 사실을 인정해야 한다는 점이다. 많은 죽음을 불러오지만 그만큼 가치가 있는, 목숨을 걸 만한 핵심적인 동기들은 이제 흐릿해지고 말았다. 오늘날 그 누가 신을 위해, 조국을 위해, 혁명을 위해 목숨을 내놓고자 한단 말인가? 적어도 서유럽에는 거의 존재하지 않을 것이다.

그러나 이러한 침체적인 분위기에 반대하여 나는 이것이 금세기, 아니 이번 천 년의 세월 중 가장 좋은 소식이 아닐 수 없다고 주장하는 바이다. 브라보!

독일에서 공부를 했던 내가 어찌 독일인인 내 스승들과 프랑스인인 내 아버지가 서로 총구를 겨누었을 민족주의 전쟁의 시기를 그리워할 수 있겠는가? 젊은 날의 향수에 젖은 일부 나이든 지식인들을 제외하고는, 나치, 스탈린, 트로츠키, 마오쩌둥이 이끌었던, 수천만의 잔혹한 죽음을 낳은 전체주의의 망령이 드디어 끝을 맺었다는 사실에 대해 그 누가 기뻐하지 않을 수 있겠는가? 그렇다고 이것이 공허한 시대, 세계의 탈주술화, 민주주의의 우울, 사유의 패배, 국민의 이탈을 경험해야만 하는 시대로 이어지는 것일까? 나는 그렇게 생각하지 않는다. 이것은 사랑하지 않기를 사랑하는, 불행한 의식의 원형적인 망상이다. 우리가 경험하고 있는 이 시대는 존엄한 것의 사라짐도, 가치의 종말도 아닌, 인류의 새로운 모습이 구현되는 과정일 뿐이다. 나는 이것을 인간의 신성화, 또는 인류 스스로가 지닌 '내재성 안의 초월성'을 바탕으로 하는 '제2의 인본주의'라고 이름 붙였다. 나는 이전의 저서들을 통해 이와 같은 제2의 인본주의가 어떻게 역사적으로 '사랑 혁명'이란 것과 연결되어 있는가에 대해 이야기한 바 있다. 즉, 과거 유럽에서는 부모나 촌락에 의해 정해진 정략결혼을 했지만, 현대 가정에 이르러서는 개인이 사랑에 의해, 사랑의 실현을 위해 직접 선택하는 형태의 결혼으로 변화하게 되었다. 여기서 이 내용을 다시 언급하지는 않겠다.

그러나 우리는 다음과 같은 질문을 떠올려볼 수 있다. 누구를 위해, 무엇을 위해 목숨을 걸고 나아가 희생하는 데까지 이를 수 있을 것인가? 달리 말하자면, 우리가 신성하게 여기는 것, 희생할 만하게 여기는 것은 무엇인가?

신성sacré이라는 것은 세속과 반대되는 종교적인 개념만이 아니고, 오히려 그 이전에 어원 그대로 희생sacrifice할 만한 것, 즉 목숨 걸고 지킬 만한 것을 가리키는 표현이다. 결국 이 질문에 대한 답은 우리 대부분에게 동일하게 나타난다. 우리가 신성하게 여기게 되는 것은 바로 '인간'이다. 사랑과 우정으로 신성화된 사람이나 주위의 측근은 물론, 그 반대의 이웃들도 마찬가지다. 크게 비난받고 있으나 그만큼 많은 장점을 지닌 자유주의 덕분에, 우리는 새로운 인본주의가 태어나는 과정을 경험하게 된 것이다. 이 새로운 모습은 더 이상 볼테르나 칸트, 인권이나 이성, 거대한 해방 계획을 품고 있었던 계몽주의도 아니며, 제국주의나 식민주의 등으로도 이어지지 않는다.

즉 이 인본주의는 포스트식민주의적, 포스트형이상학적인 인본주의이며, 타인의 초월성과 사랑을 가진 인본주의인 것이다. 이에 대한 제약과 기대를 생각해보기 위해서는 새로운 철학적 범주가 필요하다. 단순히 그럴 것이라고 말하는 게 아니라, 내가 수년 전부터 흥미롭게 여겨 여러 권의 책을 쓰며 상세하게 연구하고 있는 대상도 바로 이 부분이다.

그런데 이 새로운 인본주의를 전위주의에 의한 예술과 문학에서도 발견할 수 있다. 미국의 밀란 쿤데라와 필립 로스, 프랑스의 에마뉘엘 카레르가 대표적인 예다. 내가 보기에는 이들이 따분하고 지겨우며 의미 없는, 개념미술conceptual art 같은 누보로망에 줄거리와 인물 심리만을 더하기보다는, 19세기의 위대한 고전소설로까지 돌아가지는 않되 이를 다시 계승해가려는 의지를 지니고 나섰다고 여겨진다. 로스, 쿤데라, 카레르 모두 분명 각기 다른 스타일을 지니고 있는 것은 사실이지만, 이들은 동일하게 사랑과 죽음 사이의 대립, 인간의 노화, 섹스, 사랑 가득한 삶 등에 대해 이야기하고 있다. 이들이 이야기하는 방식은 오노레 드 발자크, 귀스타브 플로베르, 스탕달이 보여주었던 것과는 완전히 다른, 이제껏 존재하지 않았던 방식이다. 그들에게서는 우리와 같은 세계, 동일한 현대사회가 펼쳐지고 있다는 느낌을 받게 된다. 이들은 우리로 하여금 인간이라는 존재의 여러 측면에 대해 깨닫도록, 때로는 심지어 19세기 낭만파 작가들은 몰랐던 인간의 알려지지 않은 모습들을 발견해 우리 삶의 한 조각이 되도록 만든다.

필립 로스가 자신의 질병, 무기력, 암에 대해 이야기하고, 나아가 미국 학계를 뒤집어놓았던 페미니즘이나 정치적 올바름 등에 대해 이야기할 때면, 그는 포스트모던 사회의 '해체된' 인간 현실의 진실을 그 누구보다도 더 잘 보여준다. 인간은 더 이상 또렷한 의식과 같은 이상적이고 합리화된 존재가 아니다. 오늘날의 인간은 위대함과 비참함을 지닌, 한 시대에 완전히 새로운 색채를 선사하는 경험을 지닌 존재다. 한편 이는 최소한 인간 존재의 알려지지 않은 측면들을 드러냈다는 장점을 지닌 해체의 시기가 오기 전에는 불가능한 일이다. 그 측면이란 무의식, 신체, 성, 비논리, 비합리, 즉 우리 존재가 가지고 있는 가장 어두운 부분들을 가리킨다. 내가 이 작가들을 정말 새롭다고 여기는 근거는 바로 여기에 있다. 그들과 함께할 때 우리는 더 이상 제1의 인본주의처럼 이성과 권리를 주장하지도 않고, 순수한 해체에만 속해 있지도 않게 된다. 그 대신 인간에 대한 좀 더 넓고 근본적인 접근이 가능해진다. 조금의 차이를 감안한다면, 나는 이런 요소들을 모리스 라벨의 「왼손을 위한 협주곡」이나 벨라 바르토크의 바이올린 협주곡들, 또한 1913년 작품이기는 하지만 「봄의 제전」 등에서도 찾아볼 수 있다고 생각한다. 시기가 중요한 것은 아니지 않은가.

또 다른 차원에서 접근해보자면, 내게 있어서 현대 프랑스의 가장 뛰어난 소설가인(사실 그의 작품을 다 읽은 것은 아니고, 주관적 판단이기는 하지만 말이다. 이것은 인정한다) 에마뉘엘 카레르의 소설 속에서, 특히 그의 최근작 중 하나인 『나 아닌 다른 삶』에서, 다른 어디에서도 볼 수 없었던 우리 자신에 대한, 우리의 사랑과 우리의 번뇌에 대한 이야기를 보여주고 있음을 발견할 수 있다. 그는 『리모노프』에서도 이 세상의 모든 결점, 인간이 지닌 모든 어두운 면모를 다 가지고 태어난 듯한 한 남자에 대해 이야기를 풀어놓는다. 칸트는 『판단력 비판』을 통해 진정한 예술이란 아름다운 대상을 표현하는 것이 아닌, 대상을 아름답게 표현하는 것이라고 말한 바 있다. 실제로 그림으로 그려진 주제가 아닌, 그 주제를 다루고 있는 방식이야말로 가치가 있는 것이다. 네덜란드의 위대한 화가 피터르 드 호흐의 유명한 작품 중에는 여자아이의 머리에서 이를 잡고 있는 엄마의 모습을 그린 것이 있다. 뛰어난 웅장함이 있는 내용은 아니지만, 이 작품은 숨을 멈추게 할 정도의 아름다움을 지니고 있다. 카레르의 소설도 그러하다. 주인공 에두아르드 리모노프는 지금도 살아 있는 실존 인물로, 그에게서 이렇다 할 좋은 면들을 찾아보기는 어렵다. 솔직히 말하자면 오히려 아주 고약하고 비열한 인물이다. 그는 매춘, 마약, 알코올중독에 빠져 있을 뿐 아니라, 세

르비아 군대 내에서도 최악의 인물로 손꼽히는 악명 높은 살인자 아르칸의 열렬한 신봉자였다. 리모노프는 계속해서 아르칸을 칭송했으며, 이후 당의 마크마저 유사할 정도로 특정 민족사회주의당을 모방한 '민족볼셰비키'당을 창설했다. 그러나 카레르의 책은 처음부터 끝까지 흥미진진하기만 하다. 오히려 이 책을 통해 러시아 역사에 대해, 나아가 지난 반세기의 역사에 대해 수많은 것을 알 수 있게 된다.

전위주의의 속박으로부터 벗어나되 고전주의로 다시 빠져들지는 않았던 이 작가들이 존경스러운 것은, 남들처럼 아름다움과 의미를 포기하고 해체에 빠져들어야만 한다는, 거의 스탈린주의에 가까운 의무에서 벗어났다는 점 때문이다. 그들은 마침내―새로운 바람이 불어온다!―'포스트해체주의'의 단계에 이른 것이다. 나는 현대가 지닌 진정한 재능을 바로 여기서 찾아볼 수 있다고 생각한다. 나는 수없이 많은 위대한 예술가와 작가들이 이미 1940년대, 1950년대, 또는 1960년대에 전위주의의 메마른 모더니즘으로 이 세상을 만들어놓았다고 생각한다. 조형예술계에는 앞서 말했던 것처럼 베이컨, 아드리안 루트비히 리히터, 니콜라 드 스탈, 가루스트, 키퍼, 리 슈발리에가 존재하며, 음악계에는 바르토크, 스트라빈스키, 라벨 등을 비롯해 작은 소나타곡들을 작곡한 알반 베르크 등이 포함된다. 이들은 포스트모더니즘 예술의 진정한 창시자이며, 내게는 지금까지도 아주 흥미로운 예술가들로 남아 있다. 현대 예술을 무조건 부정적이라고 판단하려는 것은 아니다. 그저 우리가 20세기 들어 주로 파괴적 혁신과 관련된 역사를 경험했으며, 이제 21세기에는 무엇이 다가올 것인지를 물어야 할 때라는 사실을 말하고자 하는 것이다. 언제 우리가 마침내 혁신과 아름다움, 혁신과 인류의 위대한 경험들, 혁신과 의미를 다시금 화합시킬 수 있겠는가? 이것이 바로 내가 앞서 나열한 작가들이 우리에게 던지고 있는 생각이며, 나 또한 결국 포스트해체주의를 맞게 될 철학적 영역 안에서 스스로 찾아가고자 하는 바로 그 주제다.

나는 결코 현재와 미래에 대한 비관주의자가 아니다. 그저 철학에서처럼 예술 안에도 특히 1950, 1960, 1970년대에 일종의 해체주의적 테러가 존재했으며, 이것이 수많은 작가와 예술가에게 어떻게든 부조화와 차별성을 만들어내고, 하얀 모노크롬화, 소리 없는 공연 따위를 해야만 할 것 같은 절대적 의무를 느끼도록 그들을 붙들고 있다고 볼 뿐이다. 그러나 이 모든 것은 끝났다. 나는 이제 제2의 인본주의가 나타났으며, 천재적인 예술가와 작가들이 지금껏 숨겨져왔던 인간 존재의 차원에 형태를 입힐 것이고, 이것이 우리 삶에서 구현하게 되는 아름다움과 의미를 발견할 수 있게 되리라 믿는다.

유럽의 미래
: 낙관과 비관을 넘어

∧

"그럼 무엇을 해야 할까?"

세계화가 무력하고 무의미하다는 데서 오는 '힘'과 '의미'에 대한 질문으로 돌아와보자.

최근 한 학회에 초대받아 유럽에 대한 논의를 할 기회가 있었는데, 그때 다니엘 콩방디Daniel Cohn-Bendit의 옆자리에 앉게 되었다. 생기 넘치는 눈빛으로 자유롭게 목소리를 내는 그는 청중을 하품하게 만들지 않으면서 유럽 연방제에 대해 이야기할 수 있는 최후의 친유럽연합주의자 중 한 사람이다. 그를 제외한 다른 이들의 이야기는 솔직히 말해 지루해 죽을 지경이다. 다들 훌륭한 의지와 좋은 의도로 가득 차 있지만, 마치 성당 미사에서 기도문이라도 외우듯 "평화, 인권, 사회의 번영과 진보"라는 흔한 말만 늘어놓을 뿐이었다. 그들이 오히려 연방주의를 회의적으로 만들고 있었다. 친유럽연합주의 연설이 보통 근본적인 지겨움을 만들어내다보니, 좌파와 우파의 양 선봉에 서 있는 반유럽연합주의자들의 말은 오히려 날개를 단 것처럼 보일 정도다. 어려운 용어를 좋아하는 이 전문가들이 자신이 국민의 99퍼센트는 이해하지 못할 말을 하고 있다는 사실을 인식조차 못 한 채 말을 늘어놓는 동안, 반대론자들은 빈틈없이 타격을 날리고 있다. 전부 나열할 수는 없겠지만, 기준금리, 은행 연합, 유럽중앙은행의 '최종대출자'로서의 역할, 유로본드, 상호 부채, 그리스의 파멸과 스페인의 부상, 유럽의회와 유럽의원회의 역할 등, 비전문가들에게 무관심하기만 할 그들의 재미없는 이야기는 여러분을 수면제 한 통보다 더 빠른 속도로 잠들게 할 것이 분명하다. 캐서린 애슈턴[유럽연합 외교안보정책 고위대표]이나 헤르만 반롬푀이[유럽연합 초대 정상회의 상임의장]가 제아무리 뛰어난 공로와 열의를 가지고 올지라도 그 잠을 깨울 수는 없을 것이다. 일단 들을 만한 이야기도 아니다.

이것이야말로 작금의 현실이다. 내 묘시에는 특별한 악의도

열의도 없다. 단언컨대 나도 유럽연방주의자이기 때문이다. 내가 유럽의 연방화를 지지하는 데는 여러 이유가 있지만 최소한 다음의 두 가지 때문에라도 그렇다.

첫째, 유럽사회가 다른 곳보다 더 뛰어나다고 여기는 것은 단순히 유럽중심주의적 사고 때문이 아니라, 유럽이야말로 칸트가 1784년 「계몽이란 무엇인가」에서 말한 것처럼 국민을 유아기에서 나와 성인기에 다가갈 수 있도록 해준 유일한 사회이기 때문이다. 오늘날 전 세계를 피로 물들이고 있는 신정정치에서는, 얼마 전까지 전체주의 독재정치에서 나타났던 것과 마찬가지로 개인을 어린아이로 여긴다. 국가의 원수는 자비로움의 정도는 다르겠지만 각각 한 가정의 아버지와 같은 역할을 하면서, 여성들에게 운전대를 잡지 못하도록 하거나 7~8세의 여자아이들에게 이름도 성도 모르는 성인 남성과 결혼할 것을 강요하기도 한다. 사족이긴 하지만, 최근 유엔 보고서에 따르면 오는 2020년까지 강제로 결혼하는 여아는 1억3000만 명에 이를 것으로 추산되며, 이는 해당 아동들에게 위생, 정서, 도덕, 문화, 직업 등 전반에 걸쳐 그야말로 재앙과도 같은 결과를 낳게 될 것이다. 한편 유럽은 이런 끔찍한 현실과는 달리, 정치, 문화, 정서 등의 측면에서 자율성을 인정해주는 문화를 보유하고 있다.

그런데 유럽연합과 같은 생존을 위한 필수적 인프라를 갖추지 않고 각각 폐쇄된 민족국가를 추구하는 살인적 논리로 돌아간다면, 유일하게 자유와 복지를 모두 갖춘 이 대륙이 사방에서 불어오는 바람에 휩쓸려 무너지고 말게 될 것이다.

제2차 세계대전은 민족주의라는 명분으로 일어나 5300만 명에 달하는 사망자를 낳았다. 이런 끔찍한 짓을 다시 시작하고자 하는 것일까? 유럽에 관한 담론들은, 유럽이라는 자유로운 단일 공간이 분명하게 신정정치의 종말과 관련 있다는 사실, 즉 인류 역사상 최초로 종교 경전이나 절대 군중의 변덕에 따른 것이 아닌 인간을 위한, 그리고 인간에 의한 법을 만들고자 결단한 '의회'의 탄생과 관련 있다는 사실을 근본적으로 성찰하고 이해해야 할 것이다.

한편 유럽연합이 뛰어난 이유는 한 가지가 더 있다. 오늘날 세계화가 진행되고 있는 사회 흐름 속에서 전통적 정책들이 이제 거의, 또는 전혀 제 역할을 하지 못하게 되었다는 사실 때문이다. 앞서 살펴봤듯이, 시장은 세계화되었으나 국가 정책들은 여전히 내부적인 수준에 머물러 있으며, 그 결과 이 격차로 인해 정부는 걷잡을 수 없을 만큼 급격히 무능력해지고 말았다. 이러한 상황 속에서 유의미한 질문은 우리가 책 초반부에서 이미 살펴본 단 두 개의 질문이 남는다. 매일같이 우리를 스쳐 지나가는 세상의 흐름을 어떻게 다시 붙잡을 수 있을까? 그리고 무엇을 위해 그렇게 해야 하는가? 결국은 '힘'과 '의미'에 대한 질문으로 되돌아오는 것이다.

이러한 질문에 대응할 만한 답변은 한 가지뿐이라고 생각한다. 바로 오늘 우리가 가능성을 되찾기 위해서는 유럽이라는 우회로를 통해야만 한다는 사실이다. 이것은 이 세상에서의 웅대한 목표이며, 나아가 가능하다면 전 세계의 다른 곳에까지 확장되어야 할 목표이기도 하다. 유럽 대륙에 세워진 도덕적, 정치적, 문화적 자율성이라는 가치들을 주장해야 하는 것이다. 이것이 내가 연방주의자인 동시에 국가주권주의자이기도 한 이유다. 유럽연합을 지키기 위해 보호했던 권력들을 각 국가에게 돌려주기 위함이다. 통합화폐를 버리고 단일 국가로 돌아갈 때는 우리를 짓누르려는 꿈을 꾸고 있는 신흥 주자들에 대비한 재정비도 필요할 것이다. 이들은 기업에 가해지는 복지에 대한 부담도 없고, 생산 비용은 우리보다 10분의 1, 20분의 1, 아니 심하면 30분의 1까지 달할 정도로 낮은 수준이다. 그러나 선동적이고 맹목적인 유럽연합 반대주의자들의 독설은 끊임없이 세력을 확장해가고 있다. 만약 찬성론자들이 잠에서 깨어나지 않는다면, 그 이름에 걸맞은 마지막 정치사상은 사라지고 말 것이다.

　나는 여러분이 생시몽, 피에르 르루, 샤를 푸리에, 장바티스트 고댕 등 19세기 유토피아 사회주의자들의 글을 읽고 또 읽기를 권하는 바다. 아니면 찰스 디킨스의 작품이나 위고의 『레미제라블』도 좋을 것이다. 말도 안 되는 상상력으로 가득한 이 공상가들의 글 속에서도, 우리 자녀 세대가 태어나면서부터 누리게 될 통행, 언어, 교육, 토론, 문화, 건강, 여가 등 모든 자유와 권리에 비해서는 10분의 1, 아니 100분의 1조차도 그려지지 못하고 있다는 사실을 확인할 수 있을 것이다. 1860년대 초 『레미제라블』 집필을 마친 빅토르 위고를 만났다고 상상해보자. 그리고 그에게 이런 이야기를 건네는 것이다. 다음 세기에는 교육과 의료가 무상으로 제공되고, 빈곤층과 외국인도 그 혜택을 누릴 수 있으며, 노동자들에게는 퇴직연금과 유급 휴가가 주어지고, 모든 사람에게 사상의 자유가 주어져 정부를 비판했다는 이유로 건지 섬[빅토르 위고가 망명생활을 했던 프랑스 섬] 등의 다른 곳으로 추방당할 일도 없으며, 비위생적인 공장에 갇혀 주당 70~80시간씩 일하는 대신 쾌적한 공간에서 주당 35시간만 일하면 되고, 하늘을 나는 고철덩어리에 올라 최단 시간에 드넓은 세계로 나아갈 수 있으며, 이상하게 생긴 창에 밤마다 불이 들어와 사람들이 그 창을 보며 정보를 얻거나 토론을 보고 나아가 토론에 직접 참여하기도 하며 책이나 연극에 대한 논평도 들을 수 있게 된다고 말이다. 위고는 웃음을 터뜨리고 말 것이다!

현대 유럽 민주주의가 수많은 결함과 위기를 내포하고 있어 우리를 지치게 만들고 있다는 사실을 감안하더라도, 사회적 관습의 자유 및 사회 정의와 관련해서는 19세기 당시 가장 혁신적이라 여겨졌던 유토피아 사상조차 현대 유럽 민주주의의 발치에도 닿지 못하고 있다. 마치 매일의 풍요에 버티지 못할 정도로 배라도 불러버린 것처럼, 우리는 유럽연합을 통해 지금까지 얻어온 중요한 사항들은 대수롭지 않게 여겨왔다. 우리 부모 세대, 조부모 세대, 증조부모 세대가 꿈꿔왔던 '평화'에 대해서는 한숨을, 전 세계 많은 국가에서 여전히 무시당하고 있는 '인권'에 대해서는 콧방귀를, 시대와 장소에 따라 불평등하게 나타나고 있는 '번영'에 대해서는 헛구역질을 하고 있는 것이다. 우리는 단순히 약간의 활기와, 즐거움과, 오락거리 따위만을 바라고 있는 것이다.

현대 문화의 쇠락을 바라보면서, 나는 아름다움과 의미를 버렸음에도 불구하고 성공한 것이 아니라 바로 그 이유 덕분에 시장에서 성공을 거두고 있는 예술작품을 떠올린다. 나는 사적으로는 우리 아이들의 교육 상태를, 공적으로는 국가주의, 민족주의, 유럽연합 반대주의 사상들이 회귀하는 것을 보면서, 때로는 우리가 우리 고유의 유산을 받을 자격이 없는 것은 아닌지, 혁신의 파괴적인 측면이 어쩌면 인본주의적이고 창조적인 측면들을 앗아가버린 것은 아닌지를 자문하게 된다. 하지만 나는 비관주의자가 아니다. 이러한 질문들에 답하게 되는 것은 우리 다음의 젊은 세대의 몫이며, 역사의 흐름을 나쁜 쪽으로, 또는 좋은 쪽으로 바꿔야 할지를 결정하는 것 또한 그들의 몫이다. 우리는 아무것도 잃지 않았을뿐더러, 아직 그 무엇을 걸지도 않았다. 우리는 동전의 앞면도 뒷면도 아닌, 그저 모서리에 서 있을 뿐이다.

옮긴이의 말

∧

혁신이 화두다. 세계화라는 말을 강조하는 것 자체가 무색할 정도로 현대사회는 국가 간 장벽이 무너진 무한경쟁사회에 들어섰고, 이제 끝없는 혁신을 중요하게 여기지 않을 수 없게 되었다. 세계 각지에서 나타나는 신흥 주자들과의 경쟁에서 밀리지 않기 위해서는 기존의 것을 과감히 버리고 매 순간 끊임없이 새로운 것을 추구해야만 하기 때문이다.

70여 년 전 슘페터는 이러한 경제발전 방식을 '창조적 파괴'라는 개념으로 정의했고, 뤼크 페리는 한발 더 나가 이 개념을 통해 우리가 살아가고 있는 현대사회 전반을 분석했다. 다만 이 책에서 그는 파괴를 통해 창조를 만들어내는 것이 아닌, 혁신과

정에서 필연적으로 일종의 파괴가 나타난다는 '파괴적 혁신'이라는 개념에 강조점을 두고 있다.

현대사회와 혁신이 떼려야 뗄 수 없는 관계에 있다는 사실은 이미 충분히 알려져 있지만, 그럼에도 불구하고 뤼크 페리의 분석이 의미를 지니는 이유는 경제 분야에 그치지 않고 도덕, 과학, 언론, 미술, 음악, 문학 등 현대 인간사회의 모든 영역에서 파괴적 혁신을 찾아내 분석하고 있다는 데 있다. 특히 그의 설명을 따라가다보면 각 분야의 혁신이 해당 분야에서만 멈추는 것이 아니라 다른 분야의 혁신과 유기적인 관계에 놓여 있다는 사실도 살펴볼 수 있다. 실제로 스마트폰의 발달로 기존의 신문 형태가 무너지고 있으며, 예술 분야의 해체주의와 기업가들의 부르주아 정신이라는 정반대의 논리가 맞물려 보보스족이라는 새로운 세대를 만들어내기도 한 것이다.

또한 혁신의 이점과 필요성만을 역설하는 낙관주의적 태도를 보이는 것이 아니라 혁신의 파괴적인 이면, 혁신을 통해 나타나는 불안정성 등 부정적인 측면을 좀더 상세히 다루고 있다는 점에서도 의미가 있다. 그는 혁신을 위한 혁신, 즉 의미와 방향을 잃어버린 채 과거와의 단절에만 매달리는 데서 나타나는 역효과와 무가치성에는 신랄한 비판도 서슴지 않는다. 혁신의 모순

성 역시 여과 없이 보여주는데, 과거와 전통으로부터 소비자들을 단절시켜 새로운 제품을 팔아넘기는 데만 급급한 기업가들이 무례하고 교양 없는 요즘 아이들을 비난하는 것은 '두 마리 토끼를 잡으려는 것'이라고 말하며, 오히려 단절을 무리하게 추구한 기업가들이 지금 아이들의 모습을 만든 주동자라고 꼬집는 대목에서는 전 교육부 장관다운 그의 모습이 드러난다.

그렇다고 뤼크 페리가 비관주의에 머무르는 것도 아니다. 그는 오히려 혁신을 통해 현대인들이 누리고 있는 사회 발전의 면면을 여러 차례 증명하며 이를 인정한다. 다만 혁신이 지닌 파괴성 때문에 필연적으로 나타나는 역효과와 불안정성을 최소화하고 혁신의 이점을 최대로 누리기 위해 이와 같은 분석이 필요한 것이라고 설명한다. 이에 덧붙여 현대사회는 하나의 과정이며, 우리는 동전의 앞면도 뒷면도 아닌 그 모서리에 서 있을 뿐이라고 말한다. 낙관이나 비관에 빠지기보다는 미래를 향해 달려가는 현대사회의 '힘'과 '의미'를 찾아가야 한다는 것이다. 동전의 모서리에 서 있다는 표현에서는 일종의 긴장감마저 느껴진다. 하지만 이것이야말로 우리가 혁신에 대해 지녀야 할 태도일지도 모른다. 맹목적으로 혁신을 따라가거나 거부하는 것이 아닌, 혁신을 가능케 하는 동력과 그 목적을 늘 의식해야 하는 것이다.

프랑스는 어쩌면 파괴적 혁신 그 자체나 다름없는 '혁명'이라는 형태를 통해 새로운 시대를 이룩했던 국가다. 또 한 번의 새로운 시대를 앞둔 오늘날, 바로 그 프랑스의 대표적 지성이 단순한 경제적 혁신을 넘어서서 다양한 분야에 철학적 분석을 가하고 있는 모습은 더욱 흥미롭게 다가온다. 그러한 분석을 담고 있는 이 책이 혁신의 시대를 살아가는 우리 모두에게도 사유의 범위를 한층 더 확장시킬 기회를 제공해주었기를 바란다.

김보희

파괴적
혁신

초판인쇄 2016년 7월 8일
초판발행 2016년 7월 15일

지은이 뤼크 페리
옮긴이 김보희
펴낸이 강성민
편집장 이은혜
편집 장보금 박세중 이두루 박은아 곽우정
편집보조 조은애 이수민
마케팅 정민호 이연실 정현민 김도윤 양서연
홍보 김희숙 김상만 이천희

펴낸곳 (주)글항아리 | 출판등록 2009년 1월 19일 제406-2009-000002호

주소 10881 경기도 파주시 회동길 210
전자우편 bookpot@hanmail.net
전화번호 031-955-8891(마케팅) 031-955-1936(편집부)
팩스 031-955-2557

ISBN 978-89-6735-339-1 03300

이 도서의 국립중앙도서관 출판예정도서목록(CIP)은 서지정보유통지원시스템 홈페이지(http://seoji.nl.go.kr)와 국가자료공동목록시스템(http://www.nl.go.kr/kolisnet)에서 이용하실 수 있습니다. (CIP제어번호 : CIP2016015173)